Was wir am Leibe trugen

1945 - Flucht aus Ostpreußen

Renate Düpjohann

Renate Düpjohann

Was wir am Leibe trugen

1945 - Flucht aus Ostpreußen

Verlorenes Paradies meiner
Kindheit – und das Leben danach

Autobiografie

DeBehr

Herausgeber: Verlag DeBehr, Radeberg
Erstauflage: 2023
ISBN: 9783987271267

Titelfoto: Nordfried Radtke, 18146 Bützow
Zeichnungen: Albrecht Dinkel, 56321 Brey/Rhein
Fotos: aus Beständen von Verwandten
Weitere Grafiken erstellt über Midjourney.com

Veröffentlicht mit freundlicher Unterstützung durch den „Historischen Verein Andernach e. V.“

„Man sieht nur mit dem Herzen gut,
das Wesentliche ist für das Auge
unsichtbar."

„Du bist zeitlebens für das verantwortlich,
das du dir vertraut gemacht hast ..."

Aus: DER KLEINE PRINZ von Antoine de
Saint Exupéry

Singt ein Vogel

Singt ein Vogel, singt ein Vogel, singt im Märzenwald; kommt der helle, der helle Frühling, kommt der Frühlig bald.

Komm doch, lieber Frühling, lieber Frühling komm doch bald herbei, jag den Winter jag den Winter fort und mach das Leben frei!

Im Märzen der Bauer die Rößlein anspannt;
er setzt seine Felder und Wiesen in Stand,
er pflüget den Boden, er egget und sät
und rührt seine Hände früh morgens und spät.

Die Bäuerin, die Mägde, sie dürfen nicht ruhn,
sie haben im Haus und im Garten zu tun;
sie graben und rechen und singen ein Lied
sie freun sich, wenn alles schön grünet und blüht.

So geht unter Arbeit das Frühjahr vorbei;
da erntet der Bauer das duftende Heu,
er mäht das Getreide, dann drischt er es aus.
Im Winter da gibt es manch fröhlichen Schmaus.

Inhalt

Zu dieser biografischen Erzählung

Bevor ich von unserem Leben auf dem Hof meiner Eltern in Eichhorn, Kreis Preußisch-Eylau/Ostpreußen, erzähle, das leider im Januar 1945 durch den verlorenen Zweiten Weltkrieg und unsere Flucht, ein jähes Ende fand, kurz einige Informationen zur Vorgeschichte:

Unser Dorf lag südlich von Königsberg, zwischen den Städten Landsberg und Bartenstein. Mein Vater hatte den Bauernhof, auf dem ich geboren wurde, von seinen Eltern geerbt.

Im 19. und Anfang des 20. Jahrhunderts war es Gesetz, dass der älteste Sohn der Erbe eines Anwesens wurde. Dieser war dann gehalten, seine Geschwister angemessen auszuzahlen.
Der älteste Bruder meines Vaters, Gustav, hatte im Ersten Weltkrieg ein Bein verloren und hätte mit nur einem gesunden Bein und einer Prothese die Landwirtschaft nicht betreiben können. Somit erbte der Zweitälteste, Eduard Lauschke, den Hof, und der wurde mein Vater. Auch er, 1895 geboren, hatte am Kriegsgeschehen des Ersten Weltkrieges teilnehmen müssen, war aber ohne nennenswerte Blessuren davongekommen. So regelte die Geburtenfolge den

Besitz, auf dem ich 1938, ein Jahr vor Beginn des Zweiten Weltkrieges, geboren worden war.

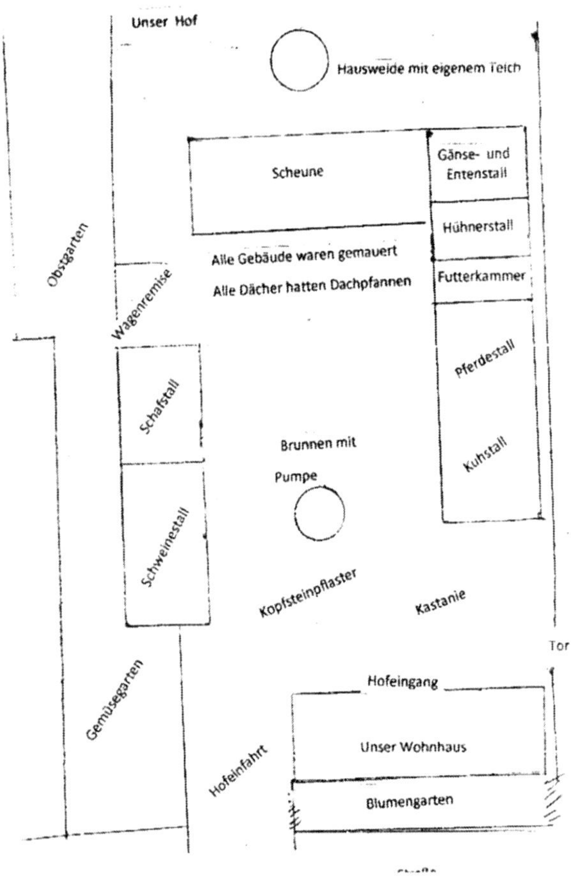

Skizze unseres Hofes

Unser Wohnhaus 1984

Unser Wohnhaus 2010

Vorwort

Laut Geschichtsschreibung bestand Ostpreußen als deutsche Provinz bereits seit Ende des 13., Anfang des 14. Jahrhunderts. Es war ein weites Land mit einer seinerzeit geringen Einwohnerzahl.

Das lockte die Deutschen Ordensritter in diese Region, die hier bevorzugt ihre Burgen erbauen ließen, und in deren Umfeld sich Städte und Dörfer etablierten.

Mit den benachbarten Polen ergaben sich häufige Grenzstreitigkeiten, die nicht selten zu kriegerischen Handlungen führten. In einige Gefechte waren auch russische Truppen involviert, die sich allerdings in jener Zeit nicht so grausam betragen haben sollen, wie 1945, zum Ende des Zweiten Weltkrieges.

Die Geschicke Ostpreußens blieben wandelbar, mal siegten die Polen, dann behauptete sich wieder der Deutsche Ritterorden. Der Erste Weltkrieg (1914/18) brachte für Gesamtdeutschland eine Niederlage. Dadurch wurden Teile Deutschlands an Polen verloren.

Aus Ostpreußen war eine Art Insel geworden. Im Norden befand sich die Ostsee, im Osten

Litauen und Polen, ebenso im Süden und Westen Polen. Nur gen Westen gab es einen sogenannten Korridor, der durch polnisches Gebiet führte und diese deutsche Provinz mit dem Kerngebiet des Deutschen Reiches verband. Ferner blieb Reisenden der Schiffsweg über die Ostsee.

Dann, im Jahr 1920 durfte die ostpreußische Bevölkerung in einer großen Volksabstimmung – unter internationaler Kontrolle – entscheiden, ob sie zu Deutschland oder zu Polen gehören wollte. Es entschieden sich 97,7 % der Menschen für Deutschland. Selbst vereinzelte Polen, die inzwischen hier angesiedelt waren, votierten für Deutschland.

Nachdem jedoch die Russen (die ihr Land nach einer Revolution Sowjetunion nannten), zum dritten Mal 1945, dem Ende des Zweiten Weltkrieges, in Ostpreußen einmarschiert waren, gab es – nach dem abermals verlorenen Krieg – Ostpreußen nicht mehr.

Der Exodus von Millionen Einwohnern war die Folge. Ein Großteil der Bevölkerung verlor sein Leben, während die Überlebenden nicht nur ihre Heimat, sondern auch ihr gesamtes Hab und Gut zurücklassen mussten.

Die Folge dieses verlorenen Krieges war, dass

Deutschland seine Ostprovinzen Ostpreußen, Westpreußen, Pommern und Schlesien verlor.

Während die Sowjetunion die nördliche Hälfte Ostpreußens für sich beanspruchte, wurde der südliche Teil sowie die Provinzen Westpreußen, Pommern und Schlesien von den Siegermächten an Polen vergeben.

(Quelle einiger Daten: Hans Hellmut Kirst, DEUTSCHLAND DEINE Ostpreußen)

Die folgende Zeichnung stammt von Rudolph Passarge, der 1936 als Sohn des Bauern Walter Otto Passarge und dessen Ehefrau Else, geb. Hanke, in Eichhorn geboren wurde.
Auch Walter Passarge kam bereits in Eichhorn zur Welt. Sein Vater Adolph Passarge war zu dieser Zeit Besitzer der Eichhorner Mühle.

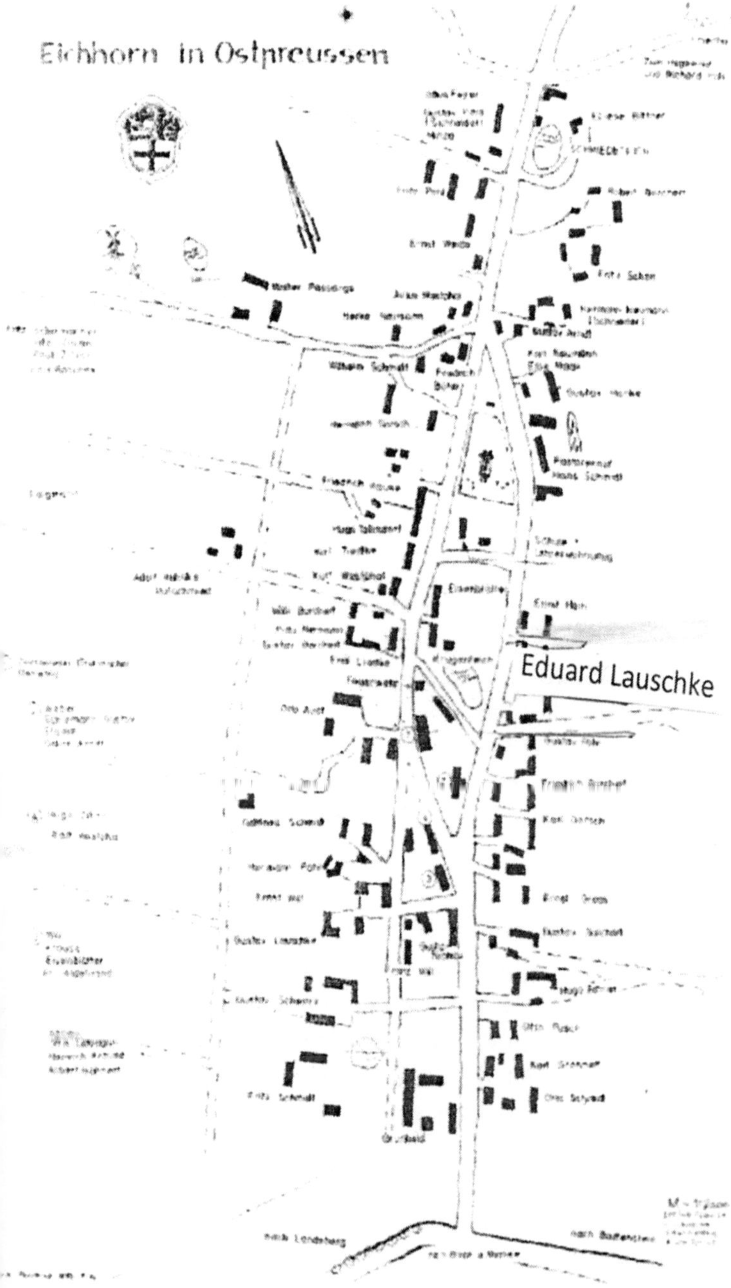
Eichhorn in Ostpreussen
Eduard Lauschke

Unsere Familie

Meine ersten Erinnerungen müssen bereits im Alter von drei Jahren begonnen haben.
Ich erwachte noch in einem Gitterbett, über das meine Mutter zum Schutz gegen die Fliegen – es war Sommer – ein dünnes Tuch gespannt hatte. Dieses Gefühl des Eingesperrtseins muss klaustrophobische Angstzustände in mir ausgelöst haben.
Ich brüllte aus Leibeskräften, wodurch meine Mutter alarmiert wurde, die in der gegenüberliegenden, nur durch einen Flur getrennten Küche, arbeitete. Sofort lief sie zu mir, entfernte den Fliegenschutz und schloss mich in die Arme.
Sogleich getröstet, bekam ich mein Frühstück, das ich eigentlich ganz gern mochte: Selbstgebackenes Brot mit Butter bestrichen und mit dicken Scheiben Räucherspeck belegt. Dieses wurde zu kleinen „Reiterchen" mundgerecht zugeschnitten. Aber ich muss wohl trotzdem eine schlechte Esserin gewesen sein und für eine Bauerntochter immer zu dünn.
Später wurde mir berichtet, dass ich ein ausgesprochen empfindsames Kind gewesen sei. Als im Alter eines halben Jahres der Sauger meiner Milchflasche nicht mehr intakt gewesen war, hätte ich mich vehement geweigert, einen Ersatz zu akzeptieren. Und ab diesem Zeitpunkt

war kein Tropfen Milch mehr in mich hineinzubekommen.
Irgendwie erscheint mir das glaubhaft, denn soweit ich mich rückerinnere, habe ich mich vor Milch geekelt, bis zum heutigen Tag.

Von einem weiteren Ereignis erfuhr ich durch meine Schwester Irmgard.
Als ich ein Jahr alt war, im September 1939, ließ der Reichsführer Deutschlands, Adolf Hitler, Teile seiner Armee in Polen einmarschieren, das Land besetzen, und beschwor den II. Weltkrieg herauf.
Seine Gefolgsleute, stramm organisierte Parteigenossen der NSDAP (später Nazi-Partei genannt), waren bestrebt, das gesamte deutsche Gebiet mit ihrem Parteinetz zu überziehen. Auch der Ortsgruppenführer unseres Heimatdorfes hatte sich zum Ziel gesetzt, die gesamte Bauernschaft zu
100 % in diese Partei einzugliedern, als Sieg seiner persönlichen Karriere.

Eichhorn war ein reines Bauerndorf mit Ausnahme einiger relevanter Handwerksbetriebe, die da waren: eine Schmiede, eine Sattlerei, eine Schlosserei, eine Tischlerei sowie ein Schuhmacher und eine Schneiderin. Außerdem befanden sich im Dorf zwei Gasthöfe, ein Kolonial- und ein Kurzwarenladen. Auch eine sehr schöne Kirche hatte das Dorf und ebenfalls das dazugehörige Pfarrhaus sowie eine Schule.

Der zackige Ortsgruppenführer hatte seine Rechnung ohne unseren Vater gemacht. Dieser war von jeher der Prototyp des aufrechten, unbeugsamen Ostpreußen, der niemals gegen seine Überzeugung handelte. Und zu Hitler und dessen Vorhaben hatte er sich seine Meinung gebildet, war zu kritisch, um der Propaganda mit ihren hohlen Phrasen Glauben zu schenken. Durch Papas Weigerung, der Partei beizutreten, wurde er zum „dunklen Fleck“ auf der „weißen Weste“ des Ortsgruppenführers. Ein einzelner Abweichler gefährdete sein Vorwärtskommen. Natürlich erfolgte umgehend Meldung an die nächsthöhere Parteizentrale, die beschloss, hier ein Exempel zu statuieren.
So geschah es, dass unser Vater als Einziger der gesamten Bauernschaft zum Militär eingezogen wurde. Die Not und Ausweglosigkeit für unsere Mutter muss grenzenlos gewesen sein. Doch, wie immer, stand sie tapfer zu der Entscheidung ihres Mannes. Schier unlösbare Aufgaben kamen auf sie zu. Die Getreideernte war noch nicht restlos eingebracht und gedroschen. Es folgten Kartoffel- und Rübenernte. Die Tiere, Pferde, Kühe, Schweine, Schafe, Hühner, Gänse und Enten wollten versorgt, die Kühe morgens und abends gemolken werden.

Zudem stand unsere Mutter mit vier kleinen Töchtern alleine vor dieser gewaltigen Herausforderung. Irmgard, die Älteste, war 13 Jahre alt, Gerda 11, Edith 10 und ich, ein Kleinkind von einem Jahr. Ohne Nachbarschaftshilfe wäre der Hof verloren gewesen, denn auch unsere männliche Hilfskraft (seinerzeit „Knecht" genannt) musste Kriegsdienste verrichten. Aber, ein Wunder ereignete sich: Meine Schwester Irmgard wurde für ein halbes Jahr von der Schule freigestellt, um mich zu versorgen. In diese schreckliche Zeit muss auch die Hilfe durch unsere spätere Wirtschafterin gekommen sein. Frau Weber, eine ältere, verwitwete Nachbarin, wurde für den Haushalt zuständig und blieb uns auch in späteren Jahren treu, besonders in der arbeitsintensiven Erntezeit.

Doch nach einem halben Jahr durfte unser Vater auf seinen Hof zurückkehren. Das fruchtbare Ostpreußen galt als „Kornkammer Deutschlands", und vermutlich war es auch den Nazi-Bonzen klar, dass man keinen Bauernbetrieb leichtfertig vernichten durfte. Jedoch mit einer durch diese Strafmaßnahme erzwungenen Gefolgschaft unseres Vaters war dennoch nicht zu rechnen. Zwar war er ein gutherziger Mensch, aber eben auch ein „preußisches Urgestein".

Und er hatte die tapferste und arbeitsamste Frau an seiner Seite, der er unendlich dankbar war. In späteren Jahren hörte ich ihn einmal zu Bekannten sagen: „Meine Frau ist ein Engel." Diese Worte vergaß ich nie. So zum Beispiel in Situationen, wenn Papa zu Bauernversammlungen in den Dorfkrug ging, sagte Mutti zu ihm: „Nun gib auch etwas aus, gönn dir ein paar Gläser Bier", während von anderen Familien (Höfen) berichtet wurde, dass die Bäuerinnen schon vorab keiften: „Gib nicht wieder Geld aus!"
Meine Mutti ist mir als liebevoll, fürsorglich und großzügig in Erinnerung. Das zeigte sich auch, wenn gelegentlich ein Bettler (ostpreußisch „Pracher" genannt) ins Dorf kam. Sagte er sein Sprüchlein: „Ich bitte um eine milde Gabe", wunderte ich mich immer, dass Mutti ihm Tüten voller Wurstbrote, Würste und Obst in seinen Rucksack steckte. Er hatte doch nur um eine „milde GABEL" gebeten, und wie diese aussah, das wusste ich ja.
Zu meiner Schande muss ich bekennen, dass ich niemals oder nur sehr selten „unsere Mutti" dachte. In meiner kleinen Welt war sie immer „meine Mutti" und meine Bezugsperson. Meine großen Schwestern nahm ich kaum zur Kenntnis und sie mich wohl auch nicht.
Ich glaube, es war wohl das größte Glück der so Spät- und Letztgeborenen, dem ich zu verdanken hatte, von den Eltern verwöhnt und

übermäßig umsorgt zu werden. So erinnere ich mich an unsere abendlichen Rituale, wenn es für mich Zeit wurde, schlafen zu gehen. Nachdem ich im Wohnzimmer ausgezogen worden war (gerne ziemlich spät), setzte mich Papa auf seine Schultern, ging mit mir durch die Küche, wo wir einen Zwischenstopp einlegten. Schon kam erwartungsgemäß Papas Frage: „Naterchen, wollen wir noch ein bisschen naschen?“, mit der ich natürlich gerechnet hatte. In einem Schubfach unseres Küchentisches lag auf einem Holzbrett immer ein großes Stück Räucherspeck zum ständigen Verbrauch. Und Papa verwöhnte mich an jedem Abend mit einem großen „Betthupferl“ Speck, nach dem ich regelrecht süchtig war. Danach ging´s über den Flur ins Schlafzimmer. Erst dann kam Mutti noch einmal, um mit mir zu beten und Gute Nacht zu sagen.

Wenn ich morgens bei meinem Frühstück saß, führten Mutti und ich besonders innige Zwiegespräche. Meistens begann ich mit: “Meine liebe, liebe Mutti“, worauf sie antwortete: „Meine liebe, kleine Putti.“ Das konnte sich endlos wiederholen. Mutti begleitete ihre Worte, indem sie mich umfasste und an sich drückte.

Und so verging mit unserem Gezärtel oft eine lange, lange Zeit, die für mich die schönste des Tages wurde.

In diesen Morgenstunden gehörte Mutti nur mir alleine. Alle anderen Belange rückten in weite Ferne.

Ostpreußische Familienfeste

In meiner ostpreußischen Heimat wurden – trotz Einschränkungen durch das Kriegsgeschehen – gerne Familienfeste gefeiert, möglichst mit allen Verwandten, die kommen konnten. Konfirmationen waren eines der beliebtesten Feste. Ich erinnere mich an die Feier für meine Schwester Gerda. Die Eingangstüren unseres Hauses wurden mit Tannengrün und bunten Blumen geschmückt, sodass sich alle Gäste gleich willkommen fühlten.

Nach einer opulenten Kaffeetafel, bei der mit Buttercremetorten nicht gespart wurde und einem späteren, reichhaltigen Abendessen, wurde im großen Wohnzimmer (unserer „guten Stube") der Teppich aufgerollt und zu fröhlichen Gesängen das Tanzbein geschwungen. Dazu floss reichlich Bärenfang, das ostpreußische Nationalgetränk, das man aus Bienenhonig und Korn oder Sprit herstellte. Auch selbstgebraute Obstweine wurden nicht verschmäht.

Ich durfte so lange mitfeiern, bis mich die Müdigkeit übermannte. Vorher hatte ich noch mit meinem Lieblingsonkel, Onkel Gustav, vereinbart, dass ich mit ihm in einem Bett schlafen dürfte.

Onkel Gustav war mein Favorit, weil er immer zu Spielen bereit war. Auch hatte außer ihm

niemand so viel Geduld, mich auf meiner Schaukel anzuschubsen, die an einer riesigen Kastanie unweit des Küchenfensters befestigt war.
Bevor ich einschlief, klangen noch lange Zeit die fröhlichen Lieder in mein Bewusstsein, vor allem
Papas Lieblingslied:

„Am Waldesrand, dort wo die Drossel sang
und im Gebüsch ein munt`res Rehlein sprang,
wo Tann und Fichte steh`n am Waldessaum,
erlebt ich meiner Jugend schönsten Traum.“

Soweit gefiel mir dieses Lied, nur in den nachfolgenden Versen erscheint dann der Jägersmann, der das Rehlein totschießt, und das wollte ich nicht mehr hören und hielt mir die Ohren zu. Es machte mich immer sehr traurig.
Zu fortgeschrittener Stunde drangen dann noch Strophen des Ostpreußenliedes zu mir:

Ostpreußenlied

Land der dunklen Wälder
und kristall`nen Seen
über weite Felder
lichte Wunder geh`n.

Starke Bauern schreiten
hinter Pferd und Pflug,
über Ackerbreiten
streicht der Vogelzug.

Und die Meere rauschen
den Choral der Zeit.
Elche steh`n und lauschen
in die Ewigkeit.

Tag hat angefangen
über Haff und Moor,
Licht ist aufgegangen,
steigt im Ost empor.

Nach dem Ende des Festes kam Onkel Gustav ins Zimmer, setzte sich auf unser Bett, als ich erwachte. Und dann bekam ich den Schrecken meines Lebens! Er schnallte sein Holzbein ab – und ich flüchtete schreiend aus dem Raum. Mein uneingeschränktes Vertrauen zu meinem Lieblingsonkel war dahin. Konnte ich denn wissen, was er noch alles abmontieren würde?

Auch in Königsberg bei unseren Verwandten wurde gerne gefeiert. In Königsberg wohnte Onkel Gustav mit seiner Familie, dann am Stadtrand Tante Anna, die älteste Schwester unseres Vaters mit ihrer Familie in einem sehr schönen Haus mit großem Garten und mit Prinz, einem tollen Schäferhund. Eine weitere Tante Anna mit Onkel Fritz, dem Bruder unserer Mutter, wohnte mit zwei Cousinen und Cousins im Zentrum von Königsberg in einer Etagenwohnung. Und diese hatte es mir angetan, gehörte zu ihr doch ein Balkon. Als Kind vom Land, das so etwas nicht kannte, war ich hell begeistert. So wollte ich auch einmal wohnen, nicht ahnend, dass ich Jahrzehnte später in eine derartige Situation geraten und mich nach unserem Hof und den weiten Flächen meiner ostpreußischen Heimat zurücksehnen würde. Aber die waren uns 1945 nach dem verlorenen II. Weltkrieg für immer genommen.
Wenn die Eltern mit mir oder auch einigen

meiner Schwestern verreisten, mussten wir morgens früh mit dem Zug vom Bahnhof Landsberg abfahren und zum Abend zurückkehren. Die Tiere forderten ihr Recht. Eine Übernachtung bei Verwandten war aus diesem Grund ausgeschlossen oder nur sehr selten. Eichhorn lag an der Reichsstraße, die von Landsberg nach Bartenstein führte. Diese Straßen waren in Ostpreußen mit unseren heutigen Bundesstraßen vergleichbar, mit dem Unterschied, dass sie durch keine Ortschaft führten. Zu den Dörfern gab es jeweils separate Abzweigungen.

Tadeusz

Etwas entspannter wurde diese Situation für unsere Eltern, nachdem die deutsche Armee Polen besiegt und Gefangene zum Arbeitseinsatz nach Deutschland deportiert hatte. Die polnischen Gefangenen waren in einem bewachten Lager untergebracht. Sie wurden morgens zu ihrem jeweiligen Bauern geschickt und abends wieder eingesperrt. Die Beköstigung dieser billigen Arbeitskräfte war den Bauern übertragen. Wir hatten großes Glück mit unserem Tadeusz und er – da bin ich mir sicher – auch mit uns. Papa behandelte Tadeusz nicht wie einen Gefangenen, sondern als gleichwertigen Mitarbeiter.

Die Nazis hatten bei Androhung hoher Strafen angeordnet, dass kein polnischer Kriegsgefangener mit Deutschen am gleichen Tisch essen durfte. Aber auch in diesem Fall hatten sie die Rechnung ohne unseren Vater gemacht. „Wir arbeiten zusammen, also essen wir auch zusammen“, war sein Credo. Tadeusz beschwor ihn angstvoll: „Pan, du wirst bestraft, wenn die Kontrolleure kommen.“ Und sie kamen. Aber meine Eltern hatten vorgesorgt. In unserer Küche war auf einem niederen Holztisch an der Wand eine Wasserpumpe installiert, die durch eine Leitung mit dem Brunnen und der großen

Pumpe auf dem Hof verbunden war. Mein Vater stellte einen Stuhl daneben. Und wenn Kontrolleure erschienen, nahm Tadeusz seinen Teller und diesen Platz ein. Ansonsten aß er mit unserer Familie zusammen am großen Küchentisch. Wenn jemand zu uns kommen wollte, erblickten wir ihn rechtzeitig durch das Küchenfenster, das zur Hofseite führte.
Daneben befand sich die Eingangstüre zum Hausflur, von dem man in die Küche gelangte. Diese Türe war immer offen, während die Haustür zur Gartenseite nur an Sonn- und Feiertagen geöffnet war.

An Tadeusz erinnere ich mich als an einen freundlichen und fröhlichen Menschen, trotz der Verschleppung aus seiner Heimat. Tadeusz dankte meinem Vater durch unbedingte Verlässlichkeit und bereitwilligen Arbeitseinsatz.
Nur einmal war er etwas ungehalten. Papa war an diesem Tag sehr früh zu einer Landmaschinen-Ausstellung aufgebrochen und hatte meiner Schwester Edith aufgetragen, Tadeusz zu informieren, welche Arbeiten anstanden.
Edith war auf unserem Hof „der Jungbauer", Papas rechte Hand. Man fand sie meistens bei den Tieren oder auf den Feldern. Als Tadeusz sich nach der Rückkehr unseres Vaters beschwerte, dass dieses junge Mädchen ihm Weisungen erteilte, machte Papa ihm klar, dass

diese Tochter seine beste Mitarbeiterin sei und alles seine Richtigkeit habe. Damit war das Einvernehmen wieder hergestellt.

Meine Schwester Edith

Edith liebte unsere Tiere, und sie war für alle außerhäuslichen Arbeiten gerne zu haben, nur nicht für Angelegenheiten innerhalb des Hauses. Wenn im Sommer unsere Arbeitspferde, die Kaltblüter Liese und Lotte, nach getaner Arbeit, Fütterung und Tränkung im Dorfteich, auf die Weide gebracht werden sollten, schwang Edith sich auf die Fuchsstute Liese, Lotte am Zügel, und ritt die beiden zur Koppel. Manchmal schwamm sie auch mit ihnen im Dorfteich, zu meiner restlosen Begeisterung. Einmal war es für die Tiere eine wunderbare Abkühlung und Erfrischung, zum anderen eine Lockerung ihrer Muskulatur, die durch die schwere Feldarbeit stark beansprucht wurde. Mit Bedauern musste ich hinnehmen, für diese Abenteuer noch als zu klein zu gelten. Der Teich lag unserem Hof direkt gegenüber, nur durch die Straße von diesem getrennt.

An einem Abend änderte sich dieses Ritual. Papa führte beide Pferde in den Teich, und ich durfte auf der ruhigen Schimmelstute Lotte sitzen und mich an ihrer Mähne festhalten. Zum Trinken beugte Lotte ihren Kopf so tief ins Wasser hinunter, dass ich die Mähne loslassen musste. Als sich das Pferd danach aufrichtete und einmal kräftig schüttelte, platschte ich ins

Nasse. Papa hob mich heraus, und Mutti musste uns beobachtet haben. Sie kam sogleich auf uns zugelaufen und trug mich nasses Bündel ins Haus.
Aber dieses Erlebnis konnte mich nicht von weiteren Ritten abhalten, nur war ich vorsichtiger geworden und hielt mich intensiver an Lottes Mähne fest.
So auch meine Erinnerung an die Kartoffelernte: Papa hatte nur ein Pferd vor die kleine Maschine gespannt (meistens Lotte), neben der er herging und das Pferd durch die Reihen führte. Die Maschine beförderte die Kartoffeln aus der Erde und warf sie in weitem Bogen zur rechten Seite. Hier wurden sie von vielen, fleißigen Händen aufgesammelt. Während dieser Arbeit hatte ich es mir auf Lottes Rücken bequem gemacht.

Edith als „Jungbauer" und ausgewiesene Tierbetreuerin, bettelte einmal im Winter, Papa solle ihr erlauben, Liese zu einer Schlittenfahrt einzuspannen. Die ostpreußischen Winter waren stets kalt und ausgesprochen schneereich. Edith hatte mit Schulfreundinnen verabredet, sich unseren großen Kufenschlitten zu erbitten, an den dann die Dorfjugend ihre kleinen Schlitten anhängen wollte. Papa erlaubte es, und auch ich durfte mit von der Partie sein, von meiner großen Schwester Irmgard festgehalten. War das ein Spaß! Der Kufenschlitten war schwer und hatte feste Bodenhaftung, doch die kleinen Schlitten kippten je nach Geschwindigkeit oftmals ihre Besetzer in den Schnee. Sie wurden unter frenetischem Geschrei wieder in die Spur gebracht, und mit dem Gebimmel der kleinen Glöckchen ging es rasant in die nächste Kurve. Wenn die Dunkelheit zu schnell hereinbrach, wurden an beiden Seiten des großen Schlittens geschützte Petroleumlampen entzündet, durch die der sichere Heimweg beleuchtet war.

Ich muss etwa im Alter von vier bis fünf Jahren gewesen sein, als ich entdeckte, dass die Hausaufgaben, die meine Schwester Edith am Wohnzimmertisch erledigte, sehr interessant waren. Voller Neugierde belagerte ich sie und wollte unbedingt auch wissen, welche Bewandtnis es mit den Buchstaben und Zahlen hatte. Edith war eine geduldige Lehrmeisterin und half meinem Wissensdurst „auf die Sprünge“. Meine ersten Schreibversuche begann ich auf einer Schiefertafel, auf der jeder Fehler gelöscht werden konnte. Später bekam ich eigene Hefte und war stolz und glücklich.
In unserem Dorf war es üblich, dass die Lehrerin wochenweise von den Bauern zum Mittagessen eingeladen war. Ob dies allgemein so gehandhabt wurde wegen der kriegsbedingten schlechten Ernährungslage, ist mir nicht

bekannt. Auf jeden Fall präsentierte ich ihr stolz meine „Hausaufgaben“ und wurde sehr gelobt. Dieser Ehrgeiz hatte aber leider zur Folge, dass ich mich nach meiner Einschulung am 1. September 1944 (Ende August war ich sechs Jahre alt geworden) schrecklich langweilte.
Es war wohl angedacht gewesen, mich in die zweite Klasse aufzunehmen, doch nach nur zwei Monaten endete die Schulzeit für alle. Das Schulgebäude wurde zur Unterbringung von Soldaten benötigt. Für uns Kinder waren das willkommene Ferien.

Arbeiten auf unserem Hof

Unseren Hof habe ich in sehr guter Erinnerung. Vor dem Wohnhaus, mit Front zur Dorfstraße, hatten wir einen wunderschönen, eingefriedeten Blumengarten. Der Duft des Flieders, des Jasmins und besonders des Resedas begleiteten mich ein Leben lang. Reseda suchte ich überall vergebens. Ob es ihn nur in Ostpreußen gab? Links neben dem Wohnhaus war die gepflasterte Auffahrt zum Hof, an die unser Gemüsegarten grenzte. Dahinter stand der Stall für die Schweine und Schafe und danach die Wagenremise.

Hinter den Stallungen erstreckte sich der Obstgarten. Auf der rechten Seite des Hofes, der vollkommen gepflastert war, befanden sich die Stallungen der Kühe und Pferde, dahinter die Futterkammer und die Ställe für das Geflügel.

Vor diesem Gebäude war ein separates Kellerhaus erbaut worden, ein tief ausgebaggertes, mit dicken Mauern erbautes Vorratshaus, das die Wärme ausschloss. Zwischen diesem und dem Kuhstall stand, wunderbar geschützt, die Hütte unseres Schäferhundes.

Und zwischen der hauszugewandten Seite des Kellers und dem Wohnhaus war ein freier Platz, auf dem „meine“ Kastanie stand, mit meiner Schaukel. Das Ende des Hofes bildete die Scheune, die dem Wohnhaus gegenüber lag.

Auf ostpreußischen Bauernhöfen war niemals ein Wohnhaus mit den Stallungen verbunden. Diese wurden separat und in einiger Entfernung erbaut.
Auch in den Wintermonaten nahmen die Arbeiten auf einem Bauernhof kein Ende. Vorrangig war die Brennholz-Beschaffung. Wenn Papa in unseren Wald zum Holzschlagen aufbrach, nahm er Hilfskräfte mit, die später mit Brennholz entlohnt wurden. Diese Arbeit war hart und gefahrvoll, denn sie musste mit Handsägen bewältigt werden. Elektrosägen gab es zu jener Zeit noch keine, ebenfalls keine Akkus.
Unsere Kaltblüter Liese und Lotte zogen die mit Holzstämmen beladenen Kufenschlitten auf unseren Hof. Hier wurden die Stämme mit der elektrischen Kreissäge zu handlichen Klötzen zersägt. Danach begann das Holzhacken und -stapeln.
Neben dem Transport- und Arbeitsschlitten gehörte auch ein Kutschschlitten zu unserer Winter-Ausrüstung. Auf diesem waren die Sitzbänke mit Schaffellen belegt und mit Lederdecken, die wiederum mit Schaffellen gefüttert waren, versehen, damit sich kein Fahrgast bei den eiskalten Temperaturen unbehaglich fühlte. Derart warm eingepackt, wurden Fahrten in die benachbarte Stadt Landsberg oder zu Verwandten unternommen.

Die Holzbeschaffung für den Hof nahm oft mehrere Wochen in Anspruch und konnte nur im Winter erfolgen, denn im Frühjahr, Sommer und Herbst hatte die Feldarbeit Vorrang. Anders verhielt es sich mit der Torfgewinnung. Diese erfolgte immer im Frühjahr, damit die ausgestochenen Soden (Torfziegel, die wie schwarze Brikettstücke wirkten) im Sommer trocknen konnten. Sie wurden zu steinharten „Briketts“ und waren ein unverzichtbares Brennmaterial in der Winterzeit, das die Wärme speicherte. Unser Moorgebiet lag neben einer Weide, dem sogenannten „Tonnenberg“. Dieser Name war entstanden wegen einer leicht ansteigenden Erhöhung, auf der sich ein kleiner Birkenhain angesiedelt hatte.
Für unsere Kühe war der Tonnenberg die beliebteste Weide, weil das Wäldchen ihnen Schatten spendete.

Für mich unvergessen waren die Sonntag-Vormittage, an denen Papa einen Rundgang zu Vieh- und Pferdekoppeln (Weiden) unternahm, um die Zäune zu kontrollieren. Ich durfte ihn bei diesen Inspektionen meistens begleiten. Und wenn meine kleinen Füße müde wurden, stellte ich mich vor seine: „Papa hopp“, und schwupp, saß ich auf seinen Schultern, mit einem tollen Rundumblick.

Auf diese Weise lernte ich sehr früh unsere nähere Umgebung kennen.
An sonnigen Sonntagnachmittagen spannte Papa oft unsere Trakehner vor den offenen Kutschwagen, und dann ging es mit Mutti und mir durch Wälder, Felder und Nachbardörfer. Manchmal kehrten wir in einem Dorfkrug ein. Die Pferde bekamen Wasser und einen kleinen Heuvorrat, den Papa immer vorrätig hatte. Wir blieben, bis die Abendfütterung der Tiere uns auf den Hof zurückkehren ließ.
Eine Kutschfahrt ist mir besonders im Gedächtnis geblieben. Wir fuhren eine weite Strecke durch unseren dunklen Tannenwald. Ganz plötzlich öffnete er sich, und wir wurden in gleißendes Sonnenlicht getaucht und völlig geblendet. Als wir unsere Umgebung wieder wahrnehmen konnten, erblickten wir zur linken Seite undurchdringliches Waldgebiet, während sich vor uns ein sonnenheller Sandweg ausbreitete. Zu unserer rechten Seite lag eine unüberschaubar weite Wiesenfläche mit einem sich spiegelnden, kleinen Gewässer. Ich war von einem Gefühl grandioser Helligkeit überwältigt, die sich meinem kindlichen Gehirn wohl eingebrannt hatte. Papa schnalzte mit der Zunge, und in leichtem Trab spurteten unsere Pferde voran.
Manchmal besuchten wir auf unseren sonntäglichen Fahrten auch Papas jüngsten Bruder, Onkel Otto, der mit seiner Familie im gegenüber

gelegenen kleinen Ort Dixen-Weskeim lebte. Dieser Onkel hatte einen ziemlich kleinen, engen Hof. Lieber war es mir, wenn seine Familie zu uns kam. Für die fünf Kinder war auf unserem Hof eine weit größere Spielfläche vorhanden. Und vor allem stand hier meine hohe Kastanie mit der Schaukel. Das einzige Problem bei diesen Besuchen muss wohl mein Vater gewesen sein, der in ständiger Sorge, dass diese Meute sein Naterchen zu arg bedrängte, uns nicht aus den Augen ließ.
Meine Tante Erna war darüber sehr erbost und machte mir noch viele Jahre nach der Vertreibung aus unserem Paradies Vorhaltungen, dass ich so überbehütet gewesen wäre. Natürlich hatte sie für keines ihrer fünf Kinder so viel Zeit, wie meine Eltern sie mir schenkten, da ich ja gewissermaßen als Einzelkind aufwuchs.

An eine von mir sehr geliebte Arbeit erinnere ich mich besonders gerne, das heißt, die Arbeit wurde natürlich nicht von mir verrichtet, aber ich durfte ein „Gastspiel“ geben. Es war im Frühjahr, wenn auf einigen Wiesen das Gras gemäht wurde, das von Arbeitskräften bis zum Trocknen gewendet werden musste, damit es Heu wurde.
Auf Leiterwagen verladen transportierte Papa es auf unseren Hof, wo es auf dem Boden der Stallungen gelagert wurde und als Raufutter zur

Winterfütterung der Kühe und Pferde diente. Und mein Vergnügen begann, wenn Mutti Streuselkuchen gebacken, Butterbrote belegt, Kaffee gekocht und alles in einem großen Korb verpackt in unseren Handwagen gestellt hatte. Dann brachten wir den Arbeitern die Vesper und saßen im Schatten hoher Bäume am Rand der Wiese. Hier schmeckten auch mir die Butterbrote. War das Heu so weit getrocknet, dass es eingefahren werden konnte, bettelte ich so lange, bis Mutti mit dem Handwagen alleine zurückfuhr. Ich durfte dann – stolz wie Bolle – auf dem beladenen Heuwagen thronen und mich nach Hause kutschieren lassen.
Eine Fotografie, die ich leider nicht mehr finden konnte, verriet mir, dass Papa Trakehnerfohlen gezüchtet hat. Auf der Ablichtung stand er am Weidezaun, hielt die Stute am Zügel, während das braune Fohlen daneben am Gras knabberte. Es muss an einem Sonntag gewesen sein, als diese Aufnahme entstand, denn Papa trug eine Breeches-Hose, schwarze Schaftstiefel, eine Tweedjacke und seine "Schiebermütze". Aber das war vor meiner Geburt, denn an ein Fohlen hätte ich mich mit Sicherheit erinnert.

Das berühmte Trakehnergestüt in Ostpreußen war weit über seine Grenzen bekannt. Bis zum heutigen Tag wird diese edle Rasse der Vollblüter in Deutschland gezüchtet.

Hin und wieder fiel mir Papas Besorgnis ein, wenn zum Herbstende bzw., Winterbeginn die ersten zarten Sprossen des Wintergetreides – ich glaube, es war Gerste – auf dem Feld sichtbar wurden. Die Gefahr bestand, dass diese Saat erfrieren könnte, wenn nicht vor dem ersten Frost der Schneefall einsetzte. Aber wir hatten immer Glück, denn auf den ostpreußischen Winter war Verlass. Ich lernte auch ganz nebenbei, dass es Sommer- und Wintergetreide gab und dass ein Landwirt darauf achten müsse, keine Mono-Kultur auf seinen Feldern anzubauen. Hatte in einem Jahr auf einer bestimmten Fläche Getreide gestanden, wurden im kommenden Kartoffeln oder Rüben angepflanzt und umgekehrt.
Unser Vater muss zu den modernsten Landwirten des Dorfes gehört haben, dem erforderliche Neuerungen an Maschinen und Gerätschaften sehr wichtig waren. Als er sich einen eigenen Dreschkasten noch nicht leisten konnte, schloss er sich mit einem Nachbarn zusammen.

Meine geliebten Tanten

Zu meiner besonderen Freude gehörten die Besuche meiner beiden Tanten aus Zinten. Tante Trudchen (Gertrud) und Tante Frieda, die jüngsten Schwestern meines Vaters. Sie waren nach ihrer Heirat zum Wohnsitz ihrer Ehemänner gezogen. Tante Frieda, mit einem Uhrmacher und Goldschmied verheiratet, war kinderlos geblieben. Ihre Ehe soll sehr glücklich gewesen sein, bis ihr Mann durch unmäßiges Rauchen in noch jungen Jahren an einem Magengeschwür verstarb. Von diesem Zeitpunkt schloss sich Tante Frieda sehr eng an ihre Schwester an. Tante Trudchen war froh darüber, denn ihre Ehe war alles andere als harmonisch, aber sie hatte einen Sohn, Erhard, den beide liebten und verwöhnten.

Meine beiden Tanten waren vornehm und kultiviert. Sie liebten Konzerte und Theaterbesuche und waren überaus belesen. Ich liebte und bewunderte sie und lauschte begeistert ihren Erzählungen von der weiten Welt. Durch sie erfuhr ich damals von der Existenz der zwei bedeutenden ostpreußischen Seebäder Cranz und Rauschen (heute zu Russland gehörend), die sich zwischen dem Frischen Haff und dem Kurischen Haff befinden.

Auch von der größten Vogelwarte Europas, in Rositten, wussten sie zu berichten, die auf der

Kurischen Nehrung lag.
Die Tanten versuchten, mir das Rauschen der Wellen zu erklären und erzählten von den weißen Stränden, die ich mir überhaupt nicht vorstellen konnte. Meinen Tanten verdanke ich auch, dass ich schon als Kind die hochdeutsche Sprache beherrschte. Ich höre Tante Trudchen noch heute sagen:
„Naterchen, nicht AA (die typisch ostpreußische Aussprache auf den Dörfern), nicht das lange AA sondern ein kurzes A." Sie müssen wohl mit dem Ergebnis ihrer Unterrichtung zufrieden gewesen sein.
Tante Trudchen und Tante Frieda unternahmen oft gemeinsame Ausflüge mit ihrer Schwester Anna aus Königsberg. Tante Annas Tochter Irene war ein Jahr jünger als Erhard und ein Jahr älter als meine Schwester Irmgard. Die beiden Einzelkinder wuchsen wie Geschwister miteinander auf. Diese Stadtkinder hatten uns natürlich einiges voraus. Aber wenn die Sommerferien begannen, waren beide, so schnell sie konnten und durften, auf unserem Hof.

Ferien auf dem Bauernhof

Irene erzählte mir später einmal, dass unsere Mutter sie bei ihrer Ankunft direkt in die Speisekammer geführt habe, auf einen Teller voller frisch gebackener Waffeln weisend, verschwörerisch meinte: „Die sind für dich, da kannst du naschen, wann immer du Appetit darauf hast." Das war unsere Mutti! Trotz erheblicher Mehrbelastung in der Erntezeit sorgte sie aufopfernd für ihre Lieben. Und ihre Waffeln waren Irenes absolute Favoriten.

Irene und Erhard versuchten natürlich auch, beim Einfahren des Getreides zu helfen. Ein Erlebnis aus dieser Zeit ist mir in Erinnerung geblieben. Unsere Dreschmaschine stand in der Scheune auf der sogenannten Tenne. Die Wagen mit den geladenen Getreidegarben wurden an eine Seite gefahren. Von hier aus stakte ein starker Mann die gebundenen Garben zur Arbeitskraft auf der Dreschmaschine. Diese öffnete sie und ließ sie in einen Schlitz des Dreschkastens gleiten. Die Getreidekörner wurden in Säcken aufgefangen, während das leere Stroh von einem weiteren Arbeiter auf den Scheunenboden gestakt und dort für den Winter aufgeschichtet wurde. Cousine Irene half tüchtig beim Stapeln mit, als sie plötzlich ein Nest mit jungen Mäusen entdeckte. Irene war ein furchtloses Mädchen, griff sich eine Hand voller

Mäuschen, kletterte die Leiter hinunter und rannte meiner Schwester Irmgard damit hinterher. Es gelang ihr, einige Tierchen hinter Irmgards Nacken in deren Kleidung zu versenken. Das Geschrei war gewaltig! Abgesehen davon verstanden die beiden sich aber sehr gut.

Irene war von ausgleichendem Temperament. Wenn keine Arbeit anfiel, spielte sie oft mit Edith, die ein sehr liebes Mädchen gewesen sein soll, auf dem Hof. Nur mit Gerda, der Zweitältesten meiner Geschwister, war nicht so gut auszukommen. Hatten Irene und Edith sich gerade einen Bauernhof aufgebaut, kam garantiert Gerda vorbei und zerstörte ihn. Leider hat sie diese Wesensart bis ins Alter beibehalten, sodass ich mich manchmal fragte, ob sie wirklich unsere Schwester sei. Doch äußerlich bestand eine große Ähnlichkeit mit unserer Mutter, nur leider hatte sie nichts von deren Güte und Liebenswürdigkeit.
Auch unser Cousin Erhard versuchte, auf dem Hof und in den Ställen unserem Vater zur Hand zu gehen. Oft hörte ich Papa fragen: „Na Naffke (auf Hochdeutsch Neffe), willst mitkommen?“, was sich dieser nicht zweimal fragen ließ. Ob Erhard auch unsere Pferde geritten hatte, vermag ich nicht mit Sicherheit zu sagen.

Meine Freundin Reni

Während der Haupterntezeit konnte kein Bauer die anfallenden Arbeiten ohne fremde Hilfen bewältigen. Und hier kamen die Arbeiterfamilien „ins Spiel“. Heute würde man sie als Saisonarbeiter bezeichnen. Einer davon war Renis Vater. Und weil mein Vater im Gegenzug im Herbst die kleinen Ackerflächen der Hilfskräfte umpflügte und gelegentliche Absprachen erforderlich wurden, durfte ich ihn begleiten. Diese Arbeiterfamilien besaßen oft ein kleines Stück Land, das sie bebauten, um beispielsweise ein Schwein und ein oder zwei Ziegen zu füttern.
Auf diese Weise lernte ich Reni kennen. Sie hatte – wie ich – den Vornamen Renate, wurde aber Reni gerufen. Da man mich zur Unterscheidung Nata rief (Menschen, die mich liebten, sagten Naterchen), gab es keine Verwechslungen. Wir beide, im gleichen Alter, wurden unzertrennliche Spielkameraden.
Reni war eine Frühaufsteherin, während ich mich zur Langschläferin entwickelt hatte. Oft hörte ich sie morgens vor dem Schlafzimmerfenster meine Mutter fragen: „Schläft Nata immer noch?“ Und Muttis Antwort: “Nicht so laut, ich werde mal nachschauen. Du kannst ja so lange auf die Schaukel gehen.“ Wenn Mutti dann leise zu mir hereinkam, stellte ich mich oft noch schlafend, weil ich es liebte, von ihr

behutsam und liebevoll geweckt zu werden.
Zum Frühstück bekam Reni die gleiche Anzahl „Reiterchen“ wie ich und verputzte sie in großer Geschwindigkeit. Ich konnte nur staunen, schob ihr zum Schluss noch meine Reste zu, die sie ruckzuck verdrückte.
Später, als ich erwachsen war, fiel mir ein, dass Reni noch zwei ältere Brüder hatte und dass die Familie wohl nicht über die Fülle an Lebensmitteln verfügte, wie sie auf einem Bauernhof vorhanden war.
Bei Reni daheim war ich selten. Mich bedrückte die kleine Wohnung, und ihre Mutter erschien mir sehr streng zu sein. Schon damals, wenn meine Mutti mit mir das Gute-Nacht-Gebet gesprochen hatte, dankte ich dem lieben Gott dafür, dass er mir eine so liebe Mutter geschenkt hatte. Bereits als ganz kleines Mädchen erkannte ich die Güte und Liebe meiner Mutter.

Mit Reni konnte ich viel unternehmen. Im Sommer badeten wir im Dorfteich oder spielten auf unserem Hof, wobei auch die Katzen und unser Schäferhund Karo gerne miteinbezogen wurden. Karo hatte sich an Reni gewöhnt, gehörte sie doch fast zur Familie, und die Katzen genossen jede Streicheleinheit. Sie waren meine ganz große Liebe. Auf unserem Hof führten sie ein anderes Leben als auf den meisten Bauernhöfen. Sie waren keine scheuen Mäusefänger, die sich nur in Ställen und in der Scheune aufhalten durften, sondern sie waren auch im Haus willkommen. Morgens und abends nach dem Melken standen sie erwartungsvoll bereit, um ihre Milchration abzuholen. In der damaligen Zeit gab es noch kein Katzen- oder Hundefutter in Dosen. Nach unserem Mittag- und Abendessen richtete Mutti große Blechschüsseln mit Kartoffeln, Soße und Fleischresten für diese kleine Gesellschaft an. Auch Knochen wurden an alle verteilt.

Reni und ich stachelten uns manchmal zu Mutproben an. Wir hatten nämlich an einem Spätnachmittag herausgefunden, dass aus dem Pfarrgarten, nicht weit von unserem Hof entfernt, seltsame Schreie zu vernehmen waren. Leider hörten wir diese nur, wenn es dunkel wurde. Unsere Neugierde war geweckt. Wer oder was lebte dort hinter dieser hohen Mauer? Die Erwachsenen hatten schon mal von Eulen gesprochen, aber das wollten wir genauer herausfinden.

Und eines Abends war es so weit. Um uns Mut zu machen, hakten wir uns ein und machten uns vorsichtig und ganz leise auf unseren Erkundungsgang. Doch als wir die Mauer des Gartens erreicht hatten und die Eulen ihr schauriges Uhuhuhu ertönen ließen, war es mit unserem Mut vorbei. Wir gaben „Fersengeld“ und rannten, so schnell wir konnten, zurück auf unseren Hof.

Mutti empfing uns voller Sorge, als wir völlig atemlos eintrafen: „Was ist passiert? Warum seid ihr so gerannt?“ Und wir, nach Luft japsend, konnten nicht mehr herausbringen als: „Die Eulen, die Eulen.“ Nachdem wir wieder einigermaßen ruhig atmen konnten, erzählten wir von unserer Mutprobe. Natürlich konnte Mutti uns dahingehend beruhigen, dass die Eulen uns ganz bestimmt nicht verfolgt hätten, denn das war unsere größte Angst gewesen. Aber sie fügte hinzu: „Es ist schon besser, wenn ihr bei Dunkelheit auf dem Hof oder im Haus bleibt.“
Diesen Rat, versprachen wir, in Zukunft zu befolgen.

In der Winterzeit fuhren Reni und ich gerne Schlitten. Seitlich von unserem Gehöft erhob sich neben dem Dorfteich ein kleiner Hügel. Bei den ostpreußischen Schneeverhältnissen unsere ideale Rodelbahn. Und weil der Teich meistens zugefroren war, konnten wir unsere Schlitten auslaufen lassen. Wir tobten oft so lange draußen herum, bis es entweder dunkel wurde oder wir total durchnässt waren und eiskalte Füße hatten. Mutti erwartete uns dann schon mit einem Bratapfel, der in der Röhre unseres Wohnzimmerofens vor sich hin brutzelte. Dieser Ofen war für mich etwas ganz Besonderes. Einmal, weil im Winter in seiner Röhre oft

Überraschungen auf mich warteten, zum anderen, weil er von einer Bank umgeben war, auf der kuschelige Wärme verströmte. Dieser Ofen wurde von der Küche aus beheizt. Renis Mutter wusste immer, wo ihre Tochter war und schickte bei Dunkelheit einen ihrer Brüder, um sie heimzuholen.

In der damaligen Zeit gab es für Mädchen noch keine langen Hosen. Also hatten wir dicke, selbstgestrickte Wollstrümpfe an, mit einem Knopf versehen, der an einem „Leibchen" durch Lochgummis befestigt wurde. Darüber trug man einen wollenen Unterrock, bevor Kleid und Mantel die Ausrüstung vervollständigten. Unsere Fußbekleidung war auch recht abenteuerlich. Wir trugen dicke, gefütterte Hausschuhe, über die Gummischuhe gezogen wurden. Diese waren von ihrer Höhe vergleichbar mit heutigen Stiefeletten. Sie wurden seitlich durch einen großen Druckknopf verschlossen. Unser Miteinander war meistens harmonisch, aber immer leider auch nicht. Doch es war davon auszugehen, dass Reni nach einer Auseinandersetzung am kommenden Morgen wieder vor der Türe stand. Wir waren nach jeder Unstimmigkeit immer wieder schnell versöhnt.

Viele Jahre nach unserer Flucht aus Ostpreußen erfuhr ich von einer anderen Seite, welche Standesdünkel zu Jugendzeiten meiner Eltern auch

in Bauernfamilien geherrscht hatten. Meine Tante Frieda hatte während ihrer Schulzeit eine Arbeitertochter als Banknachbarin, mit der sie sich gut verstand. Als jedoch die Schulzeit vorüber war, brach der Kontakt sofort ab. Das war für mich unverständlich und veranlasste mich zum Nachdenken darüber, wie es sich mit uns beiden Renates in Ostpreußen entwickelt hätte? Aber ich denke, die Toleranz meiner Eltern hätte über derartige Dünkel gesiegt. Wie mag es Reni nach dem Ende des Krieges ergangen sein? Wir haben nie mehr voneinander gehört.
Um wie viel introvertierter noch ging es in den ostpreußischen Gutsbesitzerfamilien zu.
Jede nicht standesgemäße Verbindung war zum Scheitern verurteilt.
Der verlorene Zweite Weltkrieg hat einige Probleme dieser Art gelöst, dafür jedoch eine unüberschaubare Menge anderer geschaffen.

Hof und Tiere

Die Tiere unseres Hofes waren meine erklärten Freunde, soweit ich zurückdenken kann. An erster Stelle standen natürlich die Katzen und Karo, unser Schäferhund. Karo bewohnte eine geräumige Holzhütte, die mit geteerter Dachpappe gegen Schnee und Regen gesichert und mit großen Mengen Stroh ausgelegt war. Karo war ein ganz Lieber, den ich regelmäßig mit Knochen versorgen durfte. Es geschah gelegentlich, dass Mutti mich suchte und in der Hütte fand. Mit meiner Lieblingskatze auf dem Schoß, die zufrieden schnurrte. Sobald Mutti meinen Namen rief, wusste Karo, wer gemeint war, wurde unruhig und ließ ein leises „Wuff" verlauten.

Die großen Tiere, Pferde und Kühe, waren eher angsteinflößend, aber auch sehr gutmütig, weil sie entsprechend fürsorglich behandelt wurden. Seinerzeit gab es in den Ställen noch keine Selbsttränken. Für die Tiere musste das Wasser in Eimern von der großen Pumpe auf dem Hof geholt werden. Im Winter wurde diese Pumpe „angezogen", wie man mir erklärte. Sie bekam ein Kleid aus dicken Strohmatten, um ihr Einfrieren zu verhindern. Die gefüllten Wassereimer mussten rechtzeitig in den Stall gebracht werden, damit das Wasser sich etwas erwärmte. Doch manchmal genügte das nicht, und warmes

Wasser musste zusätzlich aus der Küche geholt werden. Kuh- und Pferdestall gingen ineinander über. Die Ausdünstungen der Tiere sorgten auch im Winter für annehmbare Temperaturen.

Neben den Stallungen für die Pferde und Kühe befand sich die Futterkammer. Hier stand ein kleines Gerät mit einer Handkurbel, in dem Rüben für die Kühe zu mund-(maul-)gerechten Stücken geschnetzelt wurden. Mit gehäckseltem Haferstroh vermischt, vervollständigten sie das Futter, das die Kühe sehr mochten.
Viel Freude machte es mir auch, Ediths Kaninchen zu beobachten, die leider hinter Drahtgittertüren lebten. Streicheln war selten möglich (und mir wohl bei jedem Tier ein Bedürfnis), nur, wenn Edith die Verschläge säuberte oder ihre Lieblinge fütterte.
Zur Schweinefütterung ging ich seltener mit. Diese Tiere stanken mir zu arg. Doch eines Morgens, es muss zum Ende des Herbstes gewesen sein, ereignete sich etwas Grauenvolles auf unserem Hof. Entsetzliche Todesschreie eines Tieres rissen mich aus dem Schlaf. Voller Panik rannte ich ans Fenster und sah, was für meine Augen nicht bestimmt war. Mein Gebrüll muss beinahe so schlimm gewesen sein, wie das des zu schlachtenden Schweines. Ich konnte nicht mehr beruhigt werden.
Wie auf allen Bauernhöfen üblich, wurde im

Spätherbst auch bei uns ein Schwein für den eigenen Bedarf geschlachtet. Doch künftig lagerte man mich am Vorabend aus. Ich durfte dann bei Tante Weber schlafen, die später meiner Mutter zum Verarbeiten des Fleisches zu Hilfe kam. Die frischen gebratenen Spirkel (hochdeutsch gebratener Schweinebauch), aß ich gerne, auch die Wurstsuppe, in der die Würste gegart wurden. Das alles konnte ich nicht mit dem getöteten Schwein in Verbindung bringen, auch später nicht den Räucherspeck und die geräucherten Mettwürste.
Eine Räucherkammer hatten wir in unserem Haus natürlich auch. Die richtige Rauchentfaltung mit Buchenholz musste gekonnt sein. Im Nachhinein habe ich größte Hochachtung vor meinen Eltern, ihrem Können und ihren Leistungen.

Unsere Ernährung war nicht nur auf Fleischkonsum ausgerichtet. Mutti bearbeitete, wohl auch mithilfe meiner älteren Schwestern, einen großen Gemüsegarten. Im Herbst wurde der Weißkohl geschnitten und in schweren Steingutfässern mit entsprechenden Gewürzen und reichlich Zwiebeln eingestampft und entwickelte sich zu Sauerkraut. Einmal durfte ich mithelfen, den Kohl zu schnippeln. Die Familie saß abends um unseren großen Küchentisch herum, jeder mit einem Holzbrett und einem

Messer versehen. Wie sehr wollte ich mitmachen! Und das durfte ich, bis mein Kohl plötzlich eine rote Färbung annahm, ich einen Schmerz verspürte und freiwillig aufgab.
Mohrrüben, Kohlrabi etc. wurden mit den Kartoffeln eingekellert, in Sand gelagert und verloren auch im Winter nichts von ihrer Frische.
Für die Rüben und Futterkartoffeln der Tiere hob man auf der Wiese hinter der Scheune entsprechende Bodenplatten aus. Diese entstandenen Kuhlen wurden mit Strohmatten ausgekleidet, darauf eine Futterpyramide geschichtet, die wiederum mit Strohmatten bedeckt und mit Erde beworfen und festgeklopft wurden, um den winterlichen Temperaturen standzuhalten. Dieses Konstrukt wurde als Miete bezeichnet.
Vom Frühjahr bis zum Herbst war diese „Hauswiese“ hinter der Scheune eine Weide für die Schafe, Enten und Gänse. In ihrer Mitte befand sich ein kleiner Teich, der den Wasservögeln (Gänsen und Enten) ein willkommener Tummelplatz wurde. Dieses Gewässer – im Gegensatz zum Dorfteich und seinen freien Ufern – wurde von Schilf und anderen Sumpfgewächsen begrenzt. Und er war auch wesentlich tiefer als der Dorfteich.
Ein großer Obstgarten schloss sich an den Gemüsegarten an mit Apfel-, Birnen-, Pflaumen- sowie Kirschbäumen und Sträuchern voller Johannisbeeren, weißen, roten und schwarzen,

Stachelbeeren und Himbeeren. Und natürlich gab es auch Erdbeeren.

Hier hatte am Ostersonntag der Osterhase unglaublich viele bunte Eier für mich versteckt. Einsammeln durfte ich alle alleine, aber dann konnten die anderen mitessen. Einmal war vergessen worden, die Farbtöpfe in der Küche wegzuräumen, was mich ziemlich irritierte. Aber mit der Erklärung der Großen, man hätte dem Osterhasen helfen müssen, gab ich mich zufrieden.

In Ostpreußen gab es lange vergessene Osterbräuche; einer lautete, man müsse ganz früh aufstehen, dürfe mit niemandem sprechen, und alleine zu einer Quelle gehen, sich mit dem Wasser waschen, dann hätte man Gesundheit für das ganze Jahr. Meine Schwestern versuchten es, kamen aber kichernd zurück, und damit war die Wirkung verpufft.

Zu Feiertagen backte Mutti immer ihren berühmten Vanillekuchen (auf einem großen Blech) mit Zuckerguss; den aß ich mit Begeisterung.

Als Erwachsene versuchte ich später, ihn nachzubacken, doch er schmeckte nie mehr so wie bei meiner Mutter.

Auch wurde weißes Brot und ein Hefezopf gebacken. Ansonsten war unsere Mutter berühmt für ihr wunderbares Roggenbrot, für das sie den

Sauerteig schon einige Tage zuvor ansetzte. Am Backtag schaute ich immer neugierig zu, wenn Mutti in einem flachen hellen Backtrog aus glattem Holz den Teig knetete (ohne elektrische Knethaken; die waren noch nicht erfunden), nur mit Körperkraft.

Die gebackenen Brote, meistens sechs große Laibe, dufteten köstlich.

Zu weiteren Arbeiten gehörte die Butterherstellung. Der im Keller gekühlte Rahm wurde in einer Milchkanne so lange gestampft, bis sich Butter absetzte. In der säuerlichen Buttermilch schwammen zum Schluss noch kleine Butterflöckchen. Diese Milch trank sogar ich gerne.

Zum Herbst erfolgte die Obsternte und -verarbeitung. Noch heute erinnere ich mich an den köstlichen Invertzucker, den Mutti herstellte, um Marmelade zu kochen. Einige Stückchen waren immer für mich zum Naschen.

Ein Großteil des Obstes wurde eingeweckt (auch Kühlschränke und Gefriertruhen waren zu jener Zeit noch nicht erfunden), der Rest eingekellert.

Meine Schwester Edith war sehr experimentierfreudig, so auch mit einem neuartigen Gemüse, das in weiten Teilen Ostpreußens noch unbekannt war. Edith brachte einige Kostproben dieser seltsamen Früchte, die sich Tomaten nannten, von einer Freundin mit. Ich biss herzhaft hinein, im Glauben, sie würden ähnlich wie Äpfel schmecken und war furchtbar enttäuscht. Doch Edith zog sich Samen und pflanzte ihre Tomaten an.

Küken - Mama

An einem warmen Sommermorgen kam Mutti mit verschwörerischem Blick an mein Bett: „Naterchen, heute musst du früher aufstehen. Ich brauche deine Hilfe." Neugierig folgte ich ihr in die Küche, wo auf der sonnigen Fensterbank ein kleiner Karton stand, aus dem ein zartes Piepsen zu vernehmen war. Ein winziges, goldgelbes Hühnerküken wuselte in seinem Heulager umher. Mein Erstaunen und meine Begeisterung waren riesig. Aber warum war dieses Küken alleine? Wir hatten oft eine Kiste mit jungen Gänschen nachts neben dem Küchenherd stehen, wenn es für sie in ihrem Stall noch zu kalt war. Aber ein einzelnes Küken? Mutti erklärte mir: „Die Glucke, die die Küken ausbrüten sollte, hatte keine Lust mehr zum Stillsitzen gehabt und wiederholt ihr Nest mit den Eiern verlassen. Dadurch waren sie ausgekühlt und bis auf dieses eine ohne Nachwuchs geblieben. Aber auch um dieses wollte die Glucke sich nicht kümmern. Darum nahm Mutti es mit in die warme Küche und übertrug mir seine Fürsorge. Ich war glücklich, durfte hartgekochtes Eigelb zerkleinern, mit jungen Brennnesseln mischen und zuschauen, wie zufrieden das kleine Wesen pickte.

Edith fing zusätzlich ein paar Fliegen am Küchenfenster. Hinzu kam eine Untertasse mit

Wasser, und die Versorgung funktionierte. Ich nahm meine Aufgabe sehr gewissenhaft wahr, achtete auch abends darauf, dass der Karton gut abgedeckt war und dass das Küken es nachts schön warm hatte.
Leider kann ich mich nicht mehr daran erinnern, wie die spätere Eingliederung dieses „Einzelkindes“ in die Hofgemeinschaft geklappt hat.

Wie sehr liebte ich das Pfingstfest. Es wurde merklich wärmer, und unser Haus schmückte frisches Birkengrün. Papa und Tadeusz fällten junge Bäumchen auf dem Tonnenberg und befestigten sie an unseren Hauseingängen und Fenstern. Mich begeisterte es, dass wir nun in einem Wald wohnten.
Mir ist ein Pfingstfest in eigenartiger Erinnerung geblieben. Ich stand am Vormittag in unserer Hofeinfahrt, trug ein weißes Voilekleid, und hörte das Läuten der Kirchenglocke.
An den Nachmittagen bekamen entweder wir Verwandtenbesuch, oder Papa spannte die offene Sommerkutsche an, und wir unternahmen Besuchsfahrten. In Ostpreußen wurden Verwandtschaften gepflegt. Irgendwelche Geschwister von Mutti oder Papa besuchten uns an den Feiertagen immer; und es wurde reichhaltig aufgetischt. Keinem Gastgeber war die Arbeit zu viel. Papa bot dann seinen Bärenfang zur

Verdauung an, für Besucher natürlich aus entsprechenden Gläsern. Alltags jedoch nahm er jeden Tag einen Schluck „Daumenbreite“ aus der Flasche, für die Gesundheit, wie er sagte.

Weihnachtsfeste

An unsere Weihnachtsfeste erinnere ich mich noch recht gut. Eine hohe Tanne, die mit ihrer Spitze bis unter die Zimmerdecke reichte, wurde großzügig und bunt geschmückt. Mir gefielen am besten die kleinen silbernen Vögelchen mit ihren seidenen Federschwänzen, die auf den Zweigen befestigt waren. Am Heiligabend, nach dem Abendessen, ging die Familie ins Weihnachtszimmer. Es kam der ersehnte Augenblick, in dem die Kerzen angezündet wurden (auch hier gab es keine elektrischen) und wir bzw. ich wartete voller Spannung auf den Weihnachtsmann. In atemloser Stille achtete ich auf jedes Geräusch. Was würde geschehen, wenn wir seine Schelle überhörten und er weiterzog? Nicht auszudenken! Als die Spannung und Ungeduld ihren Höhepunkt erreicht hatte, verließ meine Schwester Gerda unter einem Vorwand den Raum. Nur kurze Zeit später kam endlich der erwartete Weihnachtsmann. Vor Aufregung zitternd trug ich mein Gedicht vor, wurde gelobt und reichlich beschenkt, die anderen Familienmitglieder natürlich ebenfalls. Als Gerda dann einige Zeit später wieder auftauchte, erzählte ich ihr in großer Aufregung, was sie alles verpasst hatte.

Ich glaube, es war nach meinem fünften Geburtstag, als ich plötzlich zu zweifeln begann.

Ich fand Gerdas Aufbruch aus dem Weihnachtszimmer doch irgendwie seltsam, und den Weihnachtsmann beobachtete ich äußerst kritisch. An der letzten Weihnacht daheim 1944 konnte man mich nicht mehr täuschen. Doch ich verriet meine Erkenntnisse nicht, musste ich doch annehmen, dass die anderen nicht bemerkt hatten, dass Gerda sich als Weihnachtsmann verkleidet hatte.

Aus der Weihnachtsbäckerei – ostpreußische Pfefferkuchen

Zutaten:
1 kg Mehl, ½ kg Sirup, 125 g Zucker, 1 Prise Salz, 100 g geriebene Mandeln, 200 g Butter oder Margarine, 2 Eier, 1 Vanillinzucker, 1 Lebkuchen-(Pfefferkuchen)Gewürz, 15 g Pottasche, 5 g Hirschhornsalz, 100 g Rosenwasser, Schokoladenglasur.

Sirup, Zucker, Butter ankochen, leicht abkühlen lassen. Dann die übrigen Zutaten miteinander verkneten – Pottasche und Hirschhornsalz mit Rosenwasser verrühren und zum Schluss hinzufügen.

Den Teig eine Nacht kaltstellen.

Backofen vorheizen und den Kuchen bei mittlerer Hitze backen.

Schokoladenglasur verflüssigen und den Kuchen damit bestreichen, noch warm in Rechtecke schneiden.

Schlimme Ahnungen

Für mich reihte sich ein vollkommener Tag an den nächsten. Von den Sorgen der Erwachsenen um das Kriegsgeschehen blieben wir Kinder unberührt. Zwar erreichte auch mich hin und wieder der Begriff „Krieg“, ohne dass ich eine Vorstellung von seiner Bedeutung hatte. Die Erwachsenen versammelten sich jetzt häufiger vor unserem Volksempfänger (Radio) und schimpften über die Nachrichten.
Ein Einschnitt durch den Krieg, der auch mich betraf, war die Schließung der Schule, kaum dass wir zwei Monate Unterricht gehabt hatten. Doch als unbeschwertes Kind fand ich mich rasch damit ab und freute mich über die unerwarteten Ferien.
Die Schulräume wurden zur Unterbringung des Militärs benötigt. Auch in unser Haus war ein Soldat einquartiert worden. Wir sahen von nun an viele Uniformierte im Dorf, woran wir Kinder uns schnell gewöhnten.
Ein großes Ärgernis brachte unserer Familie dieser Krieg, als auch unser Vater eingezogen wurde und zwar zum Volkssturm. Man nannte das „Verteidigung der Heimatfront“. Es war jedoch Winterzeit, vermutlich November/Dezember 1944, und auf unserem Hof ging so weit alles seinen gewohnten Gang.
Nur das Weihnachtsfest war nicht so fröhlich

wie in den Vorjahren. Auch hatten wir enger zusammenrücken müssen. Im Schlafzimmer meiner Schwestern wohnte jetzt der einquartierte Soldat, und die Mädchenbetten wurden in die „gute Stube“ gestellt. Das war ziemlich einengend. Auch Reni kam seltener zum Spielen.
Auf dem Hof herrschte eine eigenartige Betriebsamkeit. Zwei Kastenwagen wurden für die „Flucht“ vorbereitet. Ich war verunsichert, hielt aber trotzdem alles für einen spannenden Ausflug. Und selbstverständlich würde ich die Katzen und Karo mitnehmen.
Aber dann kam plötzlich alles ganz anders.

Flucht aus der Heimat

Schon seit Längerem hatten wir aus der Ferne Kanonendonner gehört, der uns sehr erschreckte.
Auf unserem Hof wurde es zunehmend enger, da Flüchtlinge es aus den weiter östlich gelegenen Gebieten, aus Furcht vor diesen Zeichen des nahenden Krieges, mit ihren Planwagen bis zu uns geschafft hatten.
Menschen und Pferde kampierten in unserer Scheune, in der Heu und Stroh reichlich vorhanden waren sowie Hafer für die Pferde. Selbstverständlich wurden auch die gestrandeten Menschen von unserer Mutter mit Nahrung versorgt. Fortan war unsere Küche ständig besetzt, und ich fühlte mich gar nicht mehr richtig zuhause. Auch der Kanonendonner schien unaufhörlich näher zu kommen und raubte uns den Schlaf.
Zusätzlich brachte dieser Kriegswinter 1944/45 eisige Kälte über das Land. Im Januar sanken die Temperaturen bis minus 25 Grad.
Zu diesem Zeitpunkt nahm auch unsere persönliche Tragödie ihren Anfang.
Schon seit Tagen hatte ich unsere Mutter nur noch weinend umhergehen gesehen.
Der Soldat, der bei uns im Quartier war und nun den Befehl zum Rückzug erhalten hatte, redete auf sie ein. Ich verstand davon nur wenig, doch

schien es darum zu gehen, unseren Hof zu verlassen und mit ihm zu fahren.
Mutti schluchzte voller Verzweiflung: „Das kann ich niemals tun. Wie sollte ich meinem Mann jemals unter die Augen treten, wenn er aus dem Krieg zurückkehrt und ich den Hof verlassen habe?“
Der Soldat versuchte es wieder und wieder: „Frau Lauschke, Sie haben erwachsene Töchter, und wie es denen ergehen würde, wenn sie den Sowjets in die Hände fallen, wäre unvorstellbar grausam. Ich bitte Sie inständig, zögern Sie nicht länger. Mein Auto ist das letzte der Division, das Eichhorn verlässt. Morgen ist der Russe im Dorf, dann können Sie nichts mehr retten.“
Von nun an überschlugen sich die Ereignisse. Meine beiden mittleren Schwestern, Edith inzwischen 15 und Gerda 16 Jahre alt, nahmen tränenreichen Abschied und verließen in einem Militärlastwagen der gleichen Einheit unseren Hof. Die Älteste, Irmgard, jetzt 18 Jahre alt, wollte unsere Mutter und mich nicht alleine lassen und bei uns bleiben.
Schließlich war es unser polnischer Arbeiter Tadeusz, der unserer Familie freundschaftlich verbunden war, der versprach, für die Tiere zu sorgen, was letztlich die Entscheidung herbeiführte.
Und dann geschah alles sehr schnell. Wir zogen

unsere wärmsten Sachen an, mehrere Stücke übereinander. Mutti und Irmgard ergriffen die vorsorglich gepackten Koffer, und schon saßen wir im Auto, Mutti und ich im Fahrerhaus und Irmgard hinten auf der mit einer Plane überspannten Ladefläche.

Plötzlich, kurz vor dem Ortsausgang, stoppte der Ortsgruppenführer unseres Dorfes das Auto, riss die Beifahrertür auf und brüllte etwas von „Feigheit einer deutschen Bauersfrau, die ihren Hof im Stich lässt, während ihr Mann die Heimat verteidigt". Unser Fahrer knurrte unfreundlich, griff zur Tür, schlug sie zu und gab Gas.

Die Fahrt wurde ein Albtraum. Sobald wir das Nahen feindlicher Flugzeuge vernahmen, sprangen wir aus dem Auto und suchten Deckung in Straßengräben, unter Gebüsch und Bäumen.

Endlich, gegen Abend war das Lager der Division erreicht, die sich immer weiter von der Front zurückzog. Unsere Freude war groß, als wir meine beiden Schwestern trafen, die für uns einen Schlafplatz in einem großen Saal organisierten. Doch die Nacht war schrecklich. Dicht gedrängt lagen die Menschen im Stroh beieinander, und die grelle Deckenbeleuchtung wurde nie ausgeschaltet. Aber das Schlimmste war, dass der Kanonendonner hier noch lauter zu dröhnen schien als zu Hause.

Ich kuschelte mich an meine Mutti, konnte nicht verstehen, warum wir hier waren. Zwar war zu Hause seit einiger Zeit von „der Flucht“ gesprochen worden, aber die war doch ganz anders geplant gewesen. Auf unserem Hof waren die beiden Kastenwagen hergerichtet worden, mit Planen überspannt und mit Stroh ausgelegt. Sie waren beladen mit Truhen voller Hausrat, Weckgläsern, Räucherschinken, Würsten und vielen frisch gebackenen Broten. Auch an Federbetten, Wolldecken und Schafspelze war gedacht, sowie Heu und Hafer für die Pferde. Einen der Wagen hatte Tadeusz fahren wollen, den anderen meine Schwester Edith.

Diese Möglichkeit war uns verwehrt worden, weil der Gauleiter von Ostpreußen, ein Herr Erich Koch, jedem, der seinen Hof verlassen würde, die Todesstrafe angedroht hatte. Ihm war es zuzuschreiben, dass ein Großteil der Bevölkerung der Brutalität der Sowjetarmee ausgeliefert wurde.

Bei einer Flucht mit unseren Wagen hätte ich meine Katzen und unseren Hund mitnehmen dürfen. Aber inzwischen kamen mir Zweifel, ob diese Zusage realisierbar gewesen wäre? Wer würde meine Lieblinge jetzt versorgen? Tadeusz? Der hatte bestimmt mit den Großtieren und dem Federvieh genug Arbeit.

Als mir dies bewusst wurde, stimmte ich voller Verzweiflung in Muttis Schluchzen mit ein.

Nach zwei Tagen scheinbaren Aufatmens rückte das Krachen der feindlichen Geschütze beängstigend näher. Die Soldaten eröffneten uns, dass sie in Kürze in das Kampfgeschehen einbezogen werden würden und dann außerstande wären, uns weiter zu beschützen.
Alle Zivilisten mussten weiterziehen in Richtung „Frisches Haff", einer zugefrorenen Meeresbucht, die zur Ostsee von der Nehrung, einer schmalen Landzunge begrenzt war. Der Weg über das Eis war die einzige Fluchtmöglichkeit, die uns blieb, weil alle Landwege von der Roten Armee versperrt waren.
Ein Soldat wies uns die Richtung zum Haff. Nach einem anstrengenden Marsch über gefrorene Äcker und Wiesen, durch tiefe Schneeverwehungen – Stacheldrahtzäune mussten überwunden werden – erreichten wir endlich, bei anbrechender Dämmerung, das ersehnte Ziel, eine Ortschaft am Frischen Haff.
Wir waren todmüde und durchgefroren – meine Hände und Füße steif vor Kälte. Unsagbare Erleichterung, als wir die ersten Häuser erreichten! Doch hier erlebten wir eine furchtbare Enttäuschung. Eine Militärpatrouille (die sogenannten Kettenhunde) empfing uns mit der Parole: „Führerbefehl!

Nach Einbruch der Dunkelheit dürfen keine Flüchtlinge aufgenommen werden. Verlassen Sie das Dorf."

Verzweifelt wandten wir uns dem Ortsausgang zu, als überraschend der Umriss eines Soldaten aus der anderen Richtung auftauchte und uns bedeutete, ihm schnell zu folgen. Wir erreichten einen Hof, eine geöffnete Haustüre und erhielten eine warme Suppe und einen Schlafplatz.

Am nächsten Morgen sollte unser Pilgerzug weiterziehen über das Haff zur Hafenstadt Pillau. Dort würden Schiffe die Flüchtlinge über die Ostsee weiter befördern, hieß es. Doch der Weg über das zugefrorene Haff war gefahrvoll. An klaren Tagen mit guter Sicht bombardierten sowjetische Tiefflieger die Wagen und Menschengruppen.

Unser freundlicher Gastgeber erbot sich, uns mit einem Segelschlitten hinüber zu bringen, falls wir günstigen Wind bekämen. Doch der Wind änderte seine Richtung nicht, und als am kommenden Morgen Tauwetter einsetzte, blieb uns keine Wahl. Wir mussten die Überquerung zu Fuß wagen, ein jeder mit seinen Habseligkeiten beladen.

Der Marsch wurde zur Katastrophe. Kaum hatten wir einen Bombentrichter umgangen, vernahmen wir erneut die feindlichen Flugzeuge, die auf uns zurasten und mit Bomben und Bordfeuer überfielen. Wir warfen uns aufs Eis, bis der Angriff vorüber war, verwundert, dass wir noch lebten. Doch eine überaus grausige Spur hatten die Feinde hinterlassen. Wo eben noch ein Pferdewagen gefahren war, klaffte jetzt ein riesiges Loch. Langsam versank ein Gespann nach dem anderen in dem gurgelnden Sog des Eiswassers. Hier und dort ragte noch eine Wagendeichsel heraus.

Als der Fahrer eines vorüberfahrenden Wagens meine Erschöpfung bemerkte und anbot, mich mitzunehmen, wehrte ich mich voller Panik. Um nichts auf der Welt wollte ich die schützende Nähe und den Mantelzipfel meiner Mutter verlassen.

Wieder bei anbrechender Dunkelheit erreichten wir das Ufer von Pillau. Meine Befürchtung, erneut fortgeschickt zu werden, war zum Glück unbegründet, stattdessen wies uns ein freundlicher Uniformierter den Weg zu einem leerstehenden Barackenlager im nahen Waldgebiet. Hier konnten wir die Nacht verbringen, hatten aber keinerlei Nahrung. Auch auf die Nachricht eines eintreffenden Schiffes warteten wir vergebens,

Als dann feindliche Flugzeuge dieses Lager ausgemacht hatten, mussten wir erneut fliehen. Mit einem Fährschiff konnten wir uns nach Gotenhafen in Pommern übersetzen lassen, wo wir Obdach in einem leerstehenden Haus fanden. Dieses Gebäude stand in der Nähe des Hafens,

sodass uns die Ankunft eines Schiffes nicht entgehen konnte.
Jeden Tag gingen Mutti und ich zum Hafen. Plötzlich wurden wir von einem Tieffliegerangriff überrascht, den ich niemals vergessen werde. Wir suchten, so schnell wir laufen konnten, Schutz hinter einem Lagerschuppen. Nicht weit von diesem entfernt stand eine Frau neben einem Schlitten, auf dem ein Kind inmitten von Gepäckstücken saß. Das feindliche Flugzeug raste direkt auf die beiden zu. Die Bordwaffen knatterten, Sand und Steine flogen umher, und ich sah, wie die Frau über ihren Schlitten kippte und sich nicht mehr bewegte. Zitternd vor Angst und Grauen standen wir an die Wand des Schuppens gepresst, hoffend, hier heil davonzukommen.

Eines Tages kam endlich das ersehnte Schiff und war in Windeseile mit Menschen und Gepäckstücken überfüllt. Seltsam, dass man hier nur Frauen und Kinder sah. Als mir diese Tatsache bewusst geworden war, ereignete sich an Land eine Tragödie: Der Großvater einer Familie wurde gezwungen, zurückzubleiben, weil das Schiff nur Frauen und Kinder befördern dürfe. Für mich unbegreiflich.
Die Fahrt dieses Schiffes endete in Rügenwalde in Pommern. Auch hier lebten wir mit anderen Geflüchteten zusammen auf engstem Raum, in

einem verlassenen Haus und warteten auf das nächste Schiff. Die Tage waren angefüllt mit Anstehen nach Lebensmitteln und einer Schiffspassage. Mich verwunderte es, dass hier anscheinend auch Menschen lebten, die keine Flüchtlinge waren.

An einem der Folgetage kam meine Schwester Irmgard mit der frohen Botschaft, dass endlich ein Schiff eingetroffen sei, das Flüchtlinge aufnehmen könne. Wir müssten uns aber sofort im Hafen einfinden, der Andrang wäre ungeheuer und Passagen würden keine mehr ausgestellt. Auch handele es sich um das letzte Schiff, das noch Flüchtlinge befördere.

Also Gepäck zusammengerafft und hinaus in die klirrende Kälte. Zu allem Überfluss begann es, kräftig zu schneien und ein unbarmherziger Eiswind peitschte uns die Flocken ins Gesicht. Im Hafen erwartete uns eine unüberschaubare Menschenmenge. Bange Zweifel überkamen uns, ob wir es schaffen würden, auch nur in die Nähe dieses Schiffsriesen zu gelangen? Die Aussicht war gering. Eine Menschenschlange unglaublichen Ausmaßes drängte sich die vom Schiff herunter gelassene Treppe hinauf. Unendlich langsam und beinahe zu Eis erstarrt wurden wir vorwärts geschoben, als ein Matrose mit den Worten: „Zurücktreten bitte. Wir können niemanden mehr aufnehmen“, die Treppe hinaufzog.

Unsere Familie war inzwischen auseinandergerissen worden. Voller Entsetzen erblickten wir meine Schwestern an der Reling. Sie hatten es geschafft und versuchten verzweifelt, einem Matrosen zu erklären, dass sich Teile ihrer Familie noch an Land befänden. Der Matrose ließ schließlich ein Fallreep herab, und wir schafften den Aufstieg mit allen, die eilig reagieren konnten. Die Decks waren völlig überfüllt. Wir bekamen einen erbärmlichen Platz zugewiesen in einer Art Verlies über der Schiffsschraube, eingekeilt zwischen Säcken, Ketten und allem möglichen Gerümpel. Doch wir schienen vorerst gerettet. Bald waren wir auf See. Wohin die Fahrt gehen sollte, wusste niemand. Hin und wieder wurde in einem Hafen angelegt, um Lebensmittel, Wasser und vermutlich auch Treibstoff zu bunkern, aber kein Ort war bereit, Flüchtlinge aufzunehmen. Immer wieder hieß es: Zurück aufs Meer. Niemand hatte mehr einen Zeitbegriff, vor allem ich nicht, denn mich hatte eine nie endende Übelkeit befallen.
Dann, eines Tages – welch glückliche Fügung – machte ein kleines Frachtschiff an unserem Dampfer fest, um Menschen nach Swinemünde zu befördern. Sofort stiegen wir um, kauerten auf unseren Koffern im fensterlosen Laderaum, als das Inferno über Swinemünde und uns hereinbrach. Dem Frachter war das Anlegen noch nicht gelungen, als das Heulen der Sirenen, das

Jaulen und Krachen des Bombenhagels um uns herum, uns erstarren ließ. Hilflos und voller Entsetzen sahen wir das Zerbersten der Schiffsaufbauten, das Herabstürzen brennender Balken, blutüberströmte Menschen – es war die Apokalypse.

Doch irgendwie erwachte der Überlebenswille. Weil der Weg über die Treppe durch brennende Trümmer versperrt war, strebte jeder auf die Notleiter zu. Mich schoben helfende Hände die Leiter hinauf zum Deck. Hier ein noch schlimmeres Grauen. Doch meine Mutter kam herauf und meine Schwestern auch, unversehrt, inmitten von Feuer und Jammer.

Ich wurde von kräftigen Armen gepackt, aufs Land geworfen und wagte nicht, mich zu rühren. Die Einschläge krachten um mich herum, doch ein angstvoller Blick zum Frachter verhieß Hoffnung. Ich sah, wie meine Angehörigen über Bohlen vom Schiff auf das Festland zugekrochen kamen.

Meine Mutter ergriff meine Hand und zog mich rennend hinter sich her. Jemand brüllte: „Rein ins nächste Haus und hinwerfen!“ Und während die Welt um uns herum zu zerbersten schien, rannten wir auf einen Hausdurchgang zu. Das Grauen wollte kein Ende nehmen. Wie viele Menschen hier lagen? Ich weiß es nicht. Es mussten Stunden vergangen sein, die wir hier hingestreckt gelegen und auf das Ende gewartet hatten, bis uns plötzlich eine eigenartige Stille erschreckte. Ein Mutiger erhob sich vom Boden, wagte sich hinaus, kam schreckensbleich zurück und meinte, es wäre vorbei, aber: „Wir müssen raus hier, so schnell wir können. Die ganze Stadt brennt.“

Wie durch ein Wunder war das Gebäude, in dem wir Schutz gesucht hatten, nicht getroffen worden. Aber ganz Swinemünde war ein Flammenmeer. Häuser krachten ineinander, Funkenregen schoss um uns herum, brennende Mäntel wurden fortgeworfen.

Der schockierendste Anblick meines Lebens bot sich am Stadtrand, wo in einem Waldstück die Flak (Flugzeugabwehrkanone) ihre Stellungen gehabt hatte: Zerfetzte Soldatenleiber hingen in den Bäumen.

Unser armseliger Trupp stolperte weiter durch ein Waldstück, vorüber an Bombentrichtern und „Blindgängern“, die jeden Moment detonieren konnten, bis wir irgendwann in einer Ortschaft, es war Heringsdorf auf Usedom, Aufnahme fanden. Ich erinnere mich an einen großen Waschzuber mit wundervollem warmem Wasser, in den ich gesetzt wurde, um (nach wie langer Zeit?) gründlich gesäubert zu werden.

Gepäck hatte niemand mehr, und die Schrecknisse der Flucht und dieses Krieges waren für uns noch lange nicht vorüber.

Das große Schiff hatte den Angriff nicht überstanden. Wie wir später erfuhren, waren bis auf einen Matrosen alle Menschen umgekommen. Es kam einem Wunder gleich, dass unser Leben gerettet war, doch alles, was wir bisher noch besessen hatten, war ein Raub der Flammen geworden. Unsere Mutter hatte vor dem Verlassen unseres Hofes jedem von uns einen Brustbeutel umgehängt, in dem sich eine kleine Geldsumme befand. Dieser Notgroschen war neben unserem Leben unser einziger Besitz. Mit dieser eisernen Reserve sollte es uns gelingen, endlich ins „Reich“ zu gelangen, was immer das auch bedeutete. Nur so viel wusste ich, die Hauptstadt des Reiches war Berlin, und hier lebten unsere Verwandten.

Das Überleben unserer Familie, wie auch das der meisten Flüchtenden, war in diesem ersten Abschnitt der Flucht den Angehörigen der Wehrmacht zu verdanken. Sie waren es, die durch ihren unermüdlichen Einsatz Wege wiesen und unschätzbare Hilfen leisteten.
Als die Rote Armee bereits sämtliche Landwege aus Ostpreußen heraus blockiert hatte, erteilte der Gauleiter endlich die Genehmigung zur Flucht mit Pferdegespannen. Doch für den Großteil der Bauernschaft kam diese Genehmigung zu spät, denn die einzig verbliebene Fluchtmöglichkeit über das zugefrorene Haff

wurde zur Todesfalle für zahllose Menschen und Pferde.
Der seinerzeit amtierende ostpreußische Gauleiter Erich Koch war zum meistgehassten Menschen der überlebenden Ostpreußen geworden. Es verlautete später, dass er sich selber mit seiner Geliebten hatte in Sicherheit bringen können. Danach verlor sich seine Spur.
Jahre später erfuhren wir von Zeitzeugen, dass einen Tag nach unserem Verlassen des Heimatdorfes die Russen eingerückt waren, mit entsetzlichen Verwüstungen, Brandschatzung, Vergewaltigungen und Erschießungen der Zivilbevölkerung. Auch die Tiere waren systematisch abgeschlachtet worden.

Wolfskinder

Aus dieser grauenvollen Fehleinschätzung Hitlers und seiner irrealen Beteuerungen vom Endsieg, den das deutsche Volk erringen werde, resultierte unsägliches Elend.
Eine Vielzahl an Menschen, die den Sowjetsoldaten nicht mehr hatten entkommen können, erlitten Entsetzliches. Junge Mädchen, Mütter und Großmütter wurden vergewaltigt, ein Großteil nach Sibirien verschleppt, oder sie verhungerten und erfroren. Mütter mussten ihre kleinen, hilflosen Kinder in Kälte und Einsamkeit zurücklassen. In den meisten Fällen starben auch diese, nur einige der Größeren und Starken überlebten. Sie versteckten sich in den Wäldern, versuchten, durch Betteln und Stehlen zu überleben. Die meisten von ihnen verloren ihre Identität.
Einigen gelang es, sich bis Litauen durchzuschlagen, wo sie manchmal das Glück hatten, von einem Bauern etwas Essbares und einen Schlafplatz im Stall zu erhalten. Dafür mussten sie oft bis zur Erschöpfung auf den Bauernhöfen arbeiten. Sie wurden von den Litauern als „Wolfskinder" bezeichnet, die im Laufe der Jahre ihre Namen und ihre Vergangenheit vergaßen.
Von einem dieser unglückseligen Kinder erfuhr man später, seine einzige Erinnerung sei

gewesen, eine Mama habe ihn Hänschen genannt.
Als „Wolfskinder“ wurden sie bezeichnet in Anlehnung an eine Legende, der zufolge eine Wölfin in grauer Vorzeit in den Wäldern Italiens ein verlassenes Zwillingsbrüderpaar, Romulus und Remus, gesäugt und aufgezogen haben sollte. Romulus wurde der spätere Begründer der italienischen Hauptstadt Rom.
Diese ostpreußischen „Wolfskinder“ wurden zum Synonym für eine verlorene und vergessene Generation.
Im Nachhinein war ich dankbar, einem derartigen Schicksal entkommen zu sein.
Eine Freundin gebrauchte in späteren Jahren gerne das abgewandelte Zitat: Schlimmer geht`s immer.

Wie es weiterging mit uns

Vor unserer Familie lag noch ein weiter Weg. Auf abenteuerliche Weise gelang es uns, nach Berlin zu kommen, ohne zu ahnen, dass dies die am heftigsten durch die Alliierten bombardierte Stadt Deutschlands war. Es gab keine Medien, die uns hätten warnen können. Hin und wieder erwischten wir einen Güterzug, der uns entweder bis zu einem Bahnhof oder dem nächsten Tieffliegerangriff beförderte. Dann galt es erneut, nach einer fahrbaren Lokomotive Ausschau zu halten, deren Ziel die Nähe Berlins war.

Nach verstörenden Ereignissen erreichten wir Berlin, doch unser Schock war gewaltig beim Anblick der zerstörten und brennenden Häuserzeilen sowie der riesigen, qualmenden Schuttberge. Jeder Versuch, zu der Adresse unserer Verwandten vorzudringen, war zum Scheitern verurteilt. Berlins Infrastruktur war vollkommen zerstört, und die ständigen Bombenangriffe verhinderten jede Aktion.

Im Luftschutzbunker der Bahnhofsmission nahm sich eine Mitarbeiterin unserer an und gewährte uns eine vorübergehende Unterkunft in einem Durchgangslager. Wir bekamen ein Nachtlager in einem großen Saal mit Doppelstockbetten.

Die Nächte waren kurz und unruhig, von

ständigen Bombenangriffen unterbrochen, die uns in den Luftschutzkeller trieben. Das Krachen und Heulen um uns herum und die bangen Stunden im Bunker, in denen wir niemals wussten, ob wir wieder lebend herauskamen, haben sich in mein Gedächtnis eingegraben. Jede Entwarnung war ein neu geschenktes Leben.
Eines Nachts ereignete sich in diesem Lager etwas für uns Unvorstellbares. Halbwach bemerkte ich, dass Mutti aus dem Bett kletterte, um zur Toilette zu gehen. Im Unterbewusstsein rückte ich ganz nah an die Wand, indem ich schlaftrunken dachte: So hat sie ausreichend Platz, wenn sie gleich zurückkehrt.
Aber Mutti kehrte nicht mehr zurück. Ein Herzinfarkt hatte ihrem Leben ein jähes Ende gesetzt, das so ohne Hoffnung, ohne Zukunft geworden war. Fassungslos saßen wir an der Bahre, auf die sie jemand gebettet hatte und waren wie versteinert. Meine Schwestern weinten, aber ich konnte überhaupt nichts begreifen. In welch tiefe Verzweiflung und Hoffnungslosigkeit uns dieser Schicksalsschlag stürzte, vermochte ich damals nicht zu ermessen. Ich war wie erstarrt, folgte mechanisch allen Anweisungen, die man mir erteilte, wie durch eine Nebelwand.
Die Beisetzung unserer Mutter fand ohne uns statt. Ein erneuter Bombenangriff zwang uns zu der festgesetzten Zeit in den Bunker. Der

Pfarrer hatte in der darauffolgenden kurzen Feuerpause nicht auf uns warten können und ihr Grab schließen lassen, bevor wir kommen konnten. Auf einem kleinen Holzkreuz stand der Name unserer Mutter. Das hatten wir noch sehen können, bevor am kommenden Tag aus dem Friedhof eine bombardierte Kraterlandschaft geworden war. Von Grabsteinen und Kreuzen war nichts mehr übrig geblieben. Nach Ende des Krieges erfuhren wir von unseren Verwandten, dass man die gesamte Fläche eingeebnet hatte. Auch dieser tragische Tod einer bis zu diesem Zeitpunkt kerngesunden Bauersfrau fällt auf Hitlers Schuldkonto.

Doch vorerst suchten wir nach unseren Verwandten, die schließlich auch gefunden wurden; nur helfen konnten auch sie uns nicht.

Berlin hatte uns nicht die erhoffte Sicherheit gebracht, im Gegenteil, unsere Hoffnungen hatten sich in ein Verhängnis gewandelt.

Unsere Schwester Gerda hatte von diesem Schicksalsschlag nichts geahnt. Sie war seinerzeit als eine Art Marketenderin mit den Soldaten weitergezogen und noch vor dem Ende des Krieges in Bayern angekommen.

Die nächste Station unserer Odyssee wurde Thüringen, das von Bombenangriffen noch relativ verschont geblieben war. Eine Fürsorgerin brachte uns mit diesem Ziel aus dem brennenden Berlin heraus.

Wieder lebten wir in einem Barackenlager mit zahllosen Menschen auf engstem Raum zusammen. Der Hunger war unser ständiger Begleiter. Irgendwann gelang es meiner Schwester Irmgard, eine Anstellung in einem Hotel zu bekommen. Edith wohnte zunächst mit ihr zusammen, war aber an einer Lungenentzündung erkrankt und musste in ein Krankenhaus verlegt werden. Später entwickelte sich daraus eine Lungentuberkulose, an der sie verstarb.
Mich verfrachtete man in ein Kinderheim, in dem Berliner Kinder ausgelagert waren, um den Bombenangriffen in ihrer Heimatstadt zu entkommen. Hier war und blieb ich eine traumatisierte, verzweifelte Außenseiterin und war dem Terror dieses festgefügten Verbandes ausgeliefert. Allmählich begriff ich, dass mit dem Verlust meiner Mutter mein Leben völlig aus der Bahn geraten war. Wie unsagbar verlassen ich mich fühlte in meiner Einsamkeit, konnte wohl niemand begreifen. Ich fragte mich immer nur, warum ich hier war? Warum holte Mutti mich nicht zu sich, und wo war sie? Eigentlich war auch ich seit ihrem Tod ausgelöscht, war nur eine leere Hülle, die sich fortbewegen musste, wohin ihr befohlen wurde. Ich lebte in keiner Realität.
Dieses Kinderheim befand sich in Finkenwalde, unweit von Ilmenau, in einem ehemaligen Erholungsheim. In dem benachbarten

Hotel, in dem Irmgard eine Arbeit gefunden hatte, bekamen wir unser Essen.
Bei mir hatte sich, hervorgerufen durch alle vergangenen, schrecklichen Erlebnisse, eine nervliche Schädigung gebildet. Hatten wir im Speisesaal unsere Plätze eingenommen, mussten wir die Hände auf den Tisch legen. Aber meine hatten ein Eigenleben entwickelt: Sie zuckten fortwährend, und meine Finger spreizten sich krampfhaft. Ich konnte nichts dagegen tun, wurde jedoch mit einem dünnen Stock bestraft. Meine Verzweiflung war groß, doch kein Vorsatz konnte mir helfen, meinen Händen Einhalt zu gebieten.
Und dann gab ein furchtbares Ereignis mir den Rest: Eines Tages bekam jedes Kind als Sonderzuteilung einen Teller voll Zucker, den man in seinem Fach im Zimmerspind deponieren konnte. Das war die Chance für ein paar größere Mädchen zu behaupten, ich hätte ihren Zucker gestohlen.
Ich beteuerte meine Unschuld, doch niemand schenkte mir Glauben. Eine der Erzieherinnen nahm mich – seltsamerweise – auf ihren Schoß und sprach liebevoll auf mich ein, doch meine Verfehlungen einzugestehen und nicht länger zu leugnen. Und dann die seltsamen Worte: Nur dann könne man mich gern haben. Zwar konnte ich diese Zusammenhänge nicht begreifen, wenn jedoch hiervon die Freundlichkeit der

anderen abhängig war, würde ich bekennen, was immer man von mir verlangte. Auch meine eigene, sparsam aufbewahrte Zuckerration musste ich abgeben.

Das Ende des Krieges

Nach einigen Wochen war der Krieg vorüber. Die Sieger hielten ihren Einzug, zuerst die freundlichen Amerikaner, danach die Russen mit Panjewagen, an denen die Fußlappen flatterten.

Das Kinderheim übersiedelte wieder nach Berlin und ich war nun auf meine Schwester angewiesen, die durch die Belastung mit mir wohl ziemlich überfordert war.

Irmgard war inzwischen 19 Jahre alt und absolut nicht bereit, der verstörten Schwester, für die sie jetzt verantwortlich war, auch noch Halt oder Zuneigung zu geben. Im Gegenteil, mit unglaublicher Strenge gab sie die Autoritätsperson, der ich mich bedingungslos zu unterwerfen hatte. Das Ausmaß meiner Verstörtheit konnte oder wollte sie nicht nachvollziehen. Nur dem Eingreifen einer ihrer Kolleginnen hatte ich es zu verdanken, dass sie mich nicht ständig verprügelte. Dies war wohl ihr Ventil.

In einem größeren Nachbarort von Finkenwalde hatte der Schulunterricht wieder begonnen. Auch ich war der Schulpflicht unterworfen. Doch was einmal meine totale Begeisterung gewesen war, wurde jetzt für mich zum Albtraum. Ich war zu verstört, um irgendetwas aufzunehmen. Zudem hatte ich an jedem Morgen eine panische Angst vor dem Schulweg. Er

führte durch ein dunkles Waldstück zu dem höher gelegenen Ort. Ich lebte ständig in Angst und Schrecken.
In meiner größten Not ereignete sich ein Wunder, auf das ich nie zu hoffen gewagt hätte. Tante Trudchen und Tante Frieda, meine Lieblingstanten aus der Zeit in Ostpreußen, hatten uns über den Suchdienst des Deutschen Roten Kreuzes gefunden. Sie waren am Ende ihrer Flucht nach Mecklenburg geraten, gemeinsam mit Onkel Otto und dessen Familie aus Dixen-Weskeim. Beide Familien hatten von einem enteigneten Gut ein Stück Land von 30 Morgen bekommen, als Siedlung und Lebensgrundlage. Die Tanten nahmen uns auf, und ich hatte endlich wieder eine Heimat. Ich wurde angenommen, geliebt und war wieder Naterchen. Zwar war die Ernährungslage eine Katastrophe, aber für mich hintergründig.

Die Fahrt von Thüringen nach Mecklenburg dauerte fünf Tage und Nächte, erzählte man mir. In meinem Gedächtnis ist sie ein großes leeres Loch. Ich erinnere mich, dass Winter war und wir unsere Habseligkeiten mit einem Schlitten (vermutlich einer Leihgabe) zur Bahnstation im nächsten Ort gefahren haben und dass es bergab ging. Es muss am frühen Morgen gewesen sein, denn uns begegnete auf der Straße kein Mensch, auch kein Fahrzeug.

Ab dann ist in meinem Gedächtnis alles gelöscht. Meine nächste Erinnerung setzte erst wieder ein, als wir in Bützow/Mecklenburg den Zug verlassen hatten und meine Tanten mich in ihre Arme schlossen. Tante Trudchen begrüßte mich mit den Worten: „Da ist ja unser Naterchen“, wobei ich mit vollem Ernst erwiderte: „Ich bin nicht mehr Naterchen, ich heiße jetzt Renate.“ Ich konnte wohl selbst nicht ahnen, wie gerne ich wieder Naterchen sein wollte.
Es ist mir unbegreiflich, dass ich so viele Begebenheiten aus Ostpreußen voller Lebendigkeit gespeichert habe, aber dass vieles von dem Unangenehmen, mit dem ich nach dem Tod meiner Mutter konfrontiert worden war, sich in Nichts aufgelöst hatte.
Der liebevollen Betreuung meiner Tanten war es irgendwann gelungen, meine Erstarrung und den Eispanzer, der sich um meine Seele und um mein ganzes Sein gelegt hatte, so weit zum Schmelzen zu bringen, dass ich in den Nachbarort zur Schule geschickt werden konnte. Doch die Traumata der Vergangenheit verfolgten mich auch hier. Eines Tages brannte in dem Dorf eine Scheune. Ich roch den Rauch, sah die lodernden Flammen und rannte in Panik um mein Leben.
Nur heim zu meinen Tanten! Als mich heftiges Seitenstechen am Weiterlaufen hinderte, versteckte ich mich im Straßengraben, wo mich die

anderen Schüler auf ihrem Heimweg fanden.

Nach all den fürchterlichen Erlebnissen und dem Tod meiner Mutter, die mich bis dahin beschützt hatte, war ich wie ein Schiff ohne Steuermann, den Widrigkeiten der Gezeiten wehrlos ausgeliefert. Noch heute kommen mir diese Ereignisse bizarr und unwirklich vor, als hätte nicht ich sie erleben müssen. Dann, auf dieser kleinen Siedlung in Mecklenburg, fand ich in meinen Tanten zwei Beschützerinnen, die mich liebten.

In diesem kleinen Dorf, in dem wir nun lebten, hatte ich wieder eine Freundin gefunden, die vier Häuser weiter in dem ehemaligen Gutshaus wohnte.

Mein größter „Wermutstropfen" blieb meine Schwester, die auch hier versuchte, ihre Herrschsucht auszuleben. Zwar schlug sie mich nicht mehr, denn das hätten die Tanten wohl nicht geduldet, doch sie machte unmissverständlich klar, dass sie die alleinige Gewalt über mich hatte.

Wollte ich zu meiner Freundin gehen und Irmgard war gerade schlechter Laune, was leider sehr oft der Fall war, verbot sie es mir. Ohne Begründung durfte ich den kleinen Hof nicht verlassen. Tante Trudchen, die Gutherzige, versuchte zu vermitteln: „Aber Irmgardchen, lass´ Naterchen doch zu ihrer Freundin gehen." Ein unerbittliches „Nein, sie bleibt hier!“ war ihre Antwort, und ich hatte mich zu fügen. Irmgards Hartherzigkeit konnte ich nie vergessen und ihr in meinem tiefsten Herzen auch nicht vergeben. Als Erwachsene dachte ich oft über diese Situationen nach und konnte als einzige Erklärung nur ihre eigene Unzufriedenheit finden. In diesem Ort gab es für eine 19-Jährige keinerlei Abwechslung, kein Vergnügen, nur die Arbeit auf der Siedlung.

Als mein Vater 1947 aus der Kriegsgefangenschaft entlassen wurde (weil eine Wunde nicht heilte, sonst wäre er auch nach Sibirien verschleppt worden), besserte sich meine Situation. Irmgard konnte nun die Verantwortung abgeben und reiste zu unserer Schwester Gerda nach Westdeutschland. Diese lebte in Niedersachsen in der Nähe von Onkel Gustav. Beide, Irmgard wie auch Gerda, hatten eine Arbeitsstelle gefunden, die sie ernährte und gründeten später eigene Familien.
Mein Vater hatte den Weg zur Siedlung seiner Schwestern auch über den Suchdienst des DRK gefunden, doch von dem liebevollen Papa, an den ich die schönsten Erinnerungen hatte, war nichts mehr geblieben. Er war ein gebrochener Mann, der alles verloren hatte, die Heimat, seinen Besitz (und somit seine Existenz), seine Frau und seine Tochter Edith. Er konnte Edith

im Lungensanatorium in Thüringen noch einmal besuchen, bevor sie im Alter von 17 Jahren verhungern und sterben musste. Und er konnte nichts für sie tun.
Mein Vater war für mich ein Fremder geworden und auch geblieben. Zwar brachte er auf der Siedlung seiner Schwestern seine Erfahrung und Arbeitskraft ein, aber an unserem Leben wollte er nicht teilhaben.
Dennoch wurde für mich die Zeit bei meinen Tanten die glücklichste meines Lebens. Daheim in Ostpreußen war alles Vergangene Selbstverständlichkeit gewesen; doch nun wurden menschliche Wärme und liebevolle Zuneigung zu einem Geschenk, das ich voller Dankbarkeit annahm und auch als solches erkannte. Auch das erste Weihnachtsfest wurde für mich unvergesslich. Tante Frieda war es gelungen, ein winziges Tannenbäumchen zu besorgen, das kaum Platz in unserer Kammer fand. Und meine Tanten hatten für ihre Zuckermarken eine kleine Tüte Zuckerkringel bekommen können. Diese schmückten den Baum – und welche Wonne – ich durfte mir jeden Abend einen Kringel pflücken.

Was die einheimische Bevölkerung von dem „Flüchtlingspack" hielt, erfuhren wir leider viel zu häufig. Um einen Liter Magermilch oder zwei Eier zu kaufen, musste man schon sehr bitten und betteln. Irgendwann war es Tante Frieda gelungen, zwei Hühner zu bekommen. Diese wurden von Tante Trudchen versorgt und verhätschelt. Oftmals, wenn wir unsere Tante suchten, hieß es: „Sie ist im Stall, ihre Hühnchen streicheln." Und dank ihrer liebevollen Betreuung legten sie auch sehr fleißig. Von einem Ei, verarbeitet mit viel Mehl, Wasser und einer Prise Salz wurde „Eierstreich" hergestellt, in der Bratpfanne gegart, unser einziger Brotaufstrich.

Das Leben auf der Siedlung forderte den Erwachsenen größten Arbeitseinsatz ab. Es fehlten Zugtiere und Ackergerätschaften. Alles musste irgendwo geliehen werden. Erst als es Onkel Otto gelungen war, einen Ochsen zu erwerben, wurde die Arbeit etwas leichter. Der Staat hatte den Flüchtlingen zwar das Land zur Verfügung gestellt, machte aber Vorgaben, was darauf anzubauen war und welche Mengen man abliefern musste. Für den Einzelnen blieb nur ein geringer Restbestand zum Leben, wenn überhaupt. So musste Tante Frieda in einem Jahr Raps anbauen. Davon blieb uns eine geringe Menge des Öls. Tante Trudchen, die für den Haushalt zuständig war, briet uns eines Tages die ersten wunderbaren Reibekuchen (auch Kartoffelpuffer genannt). Natürlich war der „flotte Otto" vorprogrammiert, denn fetthaltige

Nahrung waren unsere Mägen nicht mehr gewöhnt.
Eine ganz furchtbare Erfahrung machte ich an einem Sonntagnachmittag. Es war ein warmer, sonniger Herbsttag und aus mir unerfindlichen Gründen hatte Papa beschlossen, mit mir in ein Nachbardorf zu gehen. Ich war erstaunt, als er bei einem Bauernhof an die Haustüre klopfte und die Bäuerin fragte, ob er für seine Tochter ein paar Äpfel aufsammeln dürfe. Die Frau jagte uns vom Hof, während die Äpfel unter den Bäumen verfaulten. Auf einem weiteren Hof sollte gleich der Hund auf uns gehetzt werden. Wir gaben auf, und ich schämte mich furchtbar.
Nachdem mein Vater sich wohl mit dem Unabänderlichen abgefunden hatte, schien wieder ein Funken Lebenswille in ihm zu erwachen. Er suchte Kontakte zu Nachbarn und Bekannten aus unserem Heimatort in Ostpreußen und unternahm an Wochenenden Besuchsfahrten zu ihnen. Dabei traf er auch eine unverheiratete Bekannte, die ehemalige Schneiderin unseres Dorfes. Nach einiger Zeit offenbarte er uns, dass er sie heiraten werde und mit mir an deren Wohnort Carlow (auch in Mecklenburg) übersiedeln werde.
Meine Not war groß, doch er blieb unerbittlich. Auch die Tanten baten darum, mich bei ihnen zu lassen, doch er riss mich von meinen geliebten Ersatzmüttern fort.

„Renate ist meine Tochter, sie kommt mit mir.“ „Renate!“ Ich war auch für ihn kein Naterchen mehr, und das schmerzte. Krieg, Gefangenschaft und alle seine Verluste hatten ihn hart werden lassen.

Wieder ein Neubeginn

In Carlow arbeitete mein Vater bei einem Bauern, so lange, bis es der DDR-Führung einfiel, nunmehr, nach den Gutsbesitzern, auch alle selbstständigen Bauern zu enteignen. Es geschah in einer Nacht- und Nebelaktion. Sie wurden aus dem Schlaf gerissen, durften in Geschwindigkeit einen Koffer packen, mit dem man sie auf bereitstehende Lkws verlud und an das entgegengesetzte Ende der DDR brachte. Fast alle flüchteten, nach dem ersten Schrecken, in die BRD.
Die Dorfgemeinschaft von Carlow war entsetzt, als diese Aktion in den nächsten Tagen bekannt geworden war.

Die enteigneten Ländereien schloss man, nach dem Muster der Kolchosen in der Sowjetunion, zu Landwirtschaftlichen Produktionsgenossenschaften (LPGs) zusammen, deren Leitung vom Staat eingesetzt wurde. Hier arbeitete mein Vater und regte sich jeden Tag über die Misswirtschaft auf. Seinen „redlichen Ostpreußen" konnte er nie verleugnen. Während viele der Arbeiter heimlich ein bisschen Getreide oder ein paar Kartoffel o. ä. mitgehen ließen, kannte er dafür nur Empörung. Ich dachte manchmal im Stillen: „Oh Papa, vieles könnte einfacher sein!"

Aber er blieb dem Ostpreußen in sich treu.
Noch einmal entwurzelt, musste ich mich erneut in der Fremde zurechtfinden. Neben der Stiefmutter lebte in dem Haushalt noch deren Mutter, eine furchteinflößende, harte Frau. Ich wurde von ihren strengen Erziehungsvorstellungen niedergedrückt, und Papa sagte dazu kein Wort.
Und dann hatte ich ein Déjà-vu-Erlebnis, wie es wohl selten geschieht. Ich bekam monatlich 50 Pfennige Taschengeld, die ich sparte, um kleine Geburtstagsgeschenke kaufen zu können. An einem Sommerwochenende fand in unserem Dorf ein Volksfest statt. Karussells und Buden wurden auf dem Sportplatz aufgebaut, und wir Kinder schauten mit Begeisterung zu. Ich bekam eine Mark, die ich mir gut einteilen musste.
Nun lag mein Portemonnaie mit dem mühsam Ersparten wohlverwahrt in einem Schrank, an dem man eine Schreibklappe öffnen konnte. Natürlich versuchte mich der Gedanke an meine Spargroschen, denn ich fuhr für mein Leben gern Karussell. Aber meine selbst auferlegte Disziplin siegte, und ich widerstand.
Etwa eine Woche nach diesem Ereignis hatte meine Stiefmutter etwas in dem Schrank gesucht und festgestellt, dass mein Portemonnaie fort war. Ich wurde zur Rede gestellt: „Hast du dein Geld zum Karussellfahren ausgegeben?

Du wolltest es doch sparen?“ Mir wurde es ganz seltsam zu Mute: „Nein.“ „Wo ist es dann?“ Ich war verzweifelt, suchte eifrig mit, aber es blieb verschollen.
Und dann kam die Fortsetzung: „Sag doch die Wahrheit, du hast das Geld ausgegeben.“ Doch alle Versicherungen, dass es nicht so sei, konnten mir nicht helfen. Und so ging es weiter: „Warum lügst du mich an? Sag doch endlich die Wahrheit.“
Doch dieses Mal war ich nicht bereit, etwas zuzugeben, was ich nicht getan hatte. Zu tief quälten mich noch die Verletzungen aus dem Kinderheim.
Die Folge waren dramatische Wochen, in denen ich als böswillige Lügnerin gebrandmarkt wurde.
Nur zu gerne hätte ich selber gewusst, warum und wohin dieses Portemonnaie verschwunden sein konnte?
Mein Vater wurde mit meiner Verlogenheit konfrontiert und beauftragt, mit der gebotenen Strenge durchzugreifen. Er redete mir ins Gewissen und war tief enttäuscht von dieser verstockten, verlogenen Tochter.
Dann, nach längerer Zeit, im Zuge von Räumarbeiten, wurden alle Schubfächer dieses Schrankes herausgezogen, und an der Rückwand des unteren klebte der Übeltäter. Über meine Rehabilitierung konnte ich weder Freude

noch Genugtuung empfinden; zu tief saß meine Verbitterung.

In der Schule wurde ich eine ehrgeizige Schülerin, die alles Wissen aufsaugte, um der Gegenwart möglichst zu entkommen. Abends verschwand ich gerne sehr zeitig in meinem Bett, wo ich mich ungestört in Fantasieträume versenken konnte. Ich ließ mein verlorenes Paradies wieder erstehen und erträumte mir viele schöne Momente mit meiner geliebten Mutti. Das morgendliche Erwachen war dann eine ziemlich kalte Dusche, der ich mich zu stellen hatte.

Ich bin mir heute noch ziemlich sicher, dass mir diese Tagträume, die mir die Möglichkeit gaben, für einige Zeit der Realität zu entfliehen, geholfen haben, weiterzuleben.

In der Schule hatte ich einen Geschichtslehrer, Herrn Riechert, den ich sehr verehrte. Zwischen uns bestand seit der ersten Stunde ein unsichtbares Band, weil er mir anvertraute, dass auch er aus Ostpreußen kam. Seinen Unterricht gestaltete er äußerst spannend und hätte mich auch dadurch gewonnen. Nur, als mir – inzwischen in einer höheren Klasse – bewusst geworden war, dass es in unserer Geschichte eine große Lücke gab und die Niederlage Deutschlands im Jahr 1945 nur aus der Sicht der siegreichen UdSSR (Sowjetunion) beleuchtet wurde, wuchs meine Verunsicherung. Auf meine Fragen konnte oder durfte Herr Riechert mir nur ausweichende, unbefriedigende Antworten geben. Trotzdem hatte er einen Platz in meinem Herzen – und in meinem Poesie-Album, in dem er sich wie folgt verewigte:

Das ist der Weisheit letzter Schluss: Nur
der verdient sich Freiheit wie das Leben,
der täglich sie erobern muss!
(Goethe)
Dein Lehrer Riechert

Diesem großartigen Lehrer verdanke ich es, dass mein Schulalltag in dem neuen Wohnort etwas Farbe bekam.

Das Fundament meines Lebens war gut: Sechs Jahre unbeschwerte, glückselige Kindheit, für die ich dankbar bin. Die darauffolgenden Leidensjahre, beginnend mit dem Verlust unserer Heimat und dem Tod meiner Mutter, hatten mich niedergedrückt und zum allseits gedemütigten Opfer werden lassen. Das Entrinnen aus dieser Misere war ein langwieriger Weg, und sicher haben diese Erkenntnisse dazu beigetragen, dass ich meine Erinnerungen, sowohl positive Emotionen als auch schmerzhafte Verletzungen, einmal aussprechen musste.

In Carlow wurde ich die eifrigste Leserin der

Dorfbibliothek. In den ersten Jahren konnte man noch deutsche Klassiker bekommen, wie Goethe, Schiller, Lessing, Herder, Kleist etc., später nur noch vorwiegend sowjetische Literatur. Ich las alles. Nur die Bücher westlicher Autoren standen leider auf dem Index.
Während wir Kinder uns auf alle Neuerungen dieses Systems einstellten – die Schule forderte ihr Recht – lebten die Erwachsenen ausschließlich von der Hoffnung, dass sie bald wieder in die Heimat zurückkehren könnten. Auch mein Vater hoffte von Jahr zu Jahr und hat die Verluste von Heimat und Hof niemals verwinden können.

Meine geliebten Tanten durfte ich noch zwei Mal in den Sommerferien besuchen. Ich arbeitete mit Begeisterung auf ihrer Siedlung wie ein richtiger Bauer und erlernte sogar, ihre Kuh zu melken. Zu meiner großen Freude waren hier Katzen, Kaninchen und der Schäferhund Sultan.
Hatte es sich einmal eine Katze mit absoluter Selbstverständlichkeit auf Tante Trudchens Stuhl gemütlich gemacht, setzte diese sich ganz behutsam auf den vorderen Rand. Tante Frieda pflegte dann zu sagen: „Trude, nun wirf doch die Katze runter; du hast doch keinen Platz.“ Aber meine Lieblingstante schüttelte nur ihren Kopf: „Wenn sie doch hier sitzen möchte.“

Nicht nur Sultan, sondern auch die Katzen folgten ihr auf Schritt und Tritt. Tante Trudchen wurde für mich Vorbild und Ansporn.

Doch dann, im Alter von 13 Jahren erlebte ich auch hier eine tiefgreifende Enttäuschung. Die Tanten flüchteten in den Westen. Im Zuge der Verstaatlichung aller eigenständigen Unternehmen mussten sie noch einmal alles aufgeben, was sie sich mühsam erarbeitet hatten. Alle Ländereien wurden auch hier zu einer „Landwirtschaftlichen Produktionsgenossenschaft" zusammengeschlossen. Sie verloren alles und emigrierten in die BRD. Ihnen war buchstäblich der Boden unter den Füßen entzogen worden, und das verkrafteten sie nicht mehr.
Ein Lichtblick in dieser trüben Zeit war unser Gemeindepfarrer. Ihn verehrte ich als einen gütigen Vater, der mir Aufmerksamkeit und Zuneigung schenkte. Oft durfte ich sonntags im Gottesdienst Bibelstellen vorlesen, spielte in den Krippenspielen am Heiligen Abend eine tragende Rolle und wurde begeistertes Mitglied im Kirchenchor.
Um etwas zurückgeben zu können, trat ich nach meiner Schulentlassung als Vorschülerin in ein Diakonissenkrankenhaus ein. Doch meine Illusionen von liebevollen Schwestern scheiterten an menschlichen Boshaftigkeiten, die auch vor diesen Toren nicht haltmachten.

Meine nächste Station war eine kaufmännische Tätigkeit in einem größeren Betrieb, der leider nach einigen Jahren aufgelöst wurde.

Mir erschloss sich erneut die Möglichkeit, als Abgesandte dieses Betriebes an der Arbeiter- und Bauernfakultät in Rostock zu studieren. Germanistik und Geschichte wären meine bevorzugten Fächer gewesen. Aber mir war im Laufe der Jahre bewusst geworden, dass ich in einem Staat lebte, in dem der Begriff Wahrhaftigkeit keine Rolle spielte. Auch Besuche bei unseren Verwandten in der BRD hatten mir verdeutlicht, wie weit entfernt sich die Ideologie der DDR von der Realität befand. Es war für mich kein Konsens möglich.

Der „goldene" Westen

Zwei Tage nach meinem 19. Geburtstag floh ich in den „goldenen Westen". Doch auch hier war nicht alles golden, vor allem nicht für einen Flüchtling von „drüben". Nur schwer fand ich mich in diesem anderen Kulturkreis zurecht. Ich lebte in Niedersachsen und fand eine Anstellung im Lohnbüro einer Straßenbaufirma. Als der Firmenchef mich fragte, ob es mir recht wäre, wenn man mich – wie alle anderen Angestellten – bei der Barmer Ersatzkasse anmelden werde, meinte ich: „Nein, ich möchte in eine richtige Krankenkasse eintreten, nicht in eine Ersatzkasse." Es folgten eine Menge Ungereimtheiten.

Bald darauf lernte ich einen Mann kennen, der mich heiraten wollte und hoffte auf eine Heimat.

Mein Mann wurde als Angehöriger der Bundeswehr nach Andernach am Rhein versetzt. Hier fühlte ich mich sehr wohl. Ich verliebte mich in dieses beschauliche Städtchen mit seinen aufgeschlossenen Einwohnern.

Als unsere Tochter geboren wurde, hoffte ich, dass mein Mann sein Junggesellenleben aufgeben würde, doch weit gefehlt. Sein Heimweg von der Kaserne führte an einer Gaststätte vorbei, die bald zu seiner zweiten Heimat wurde. Ich fragte mich, aus welchem Grund er mich hatte heiraten wollen? Hatte auch er eine Heimat gesucht, und genügte es ihm, eine Wohnung zu haben, in der seine Frau putzte, kochte und wusch? Meine Verunsicherung wuchs, denn so hatte ich mir ein Familienleben nicht vorgestellt.

Im Januar des nächsten Jahres wurde ich mit dem rheinischen Karneval konfrontiert, als unsere Tochter zweieinhalb Monate alt war. Mein Mann teilte mir eines Tages mit, er werde mit einem Kameraden ein Wochenende zum Feiern nach Gießen fahren. „Du musst ja das Kind stillen“, war alles, was er mir erklärte. Meine Welt brach zusammen. So konnte doch eine Ehe nicht funktionieren? Und das Schlimmste war zudem, dass ich hier keinen Menschen kannte, mit dem ich wenigstens hätte sprechen können. Selbst als wir in späteren Jahren mit seinen Kameraden und deren Ehefrauen gemeinsam Karneval feierten, hatte ich keine Freude daran, denn meistens trank er mehr, als er vertragen konnte und wurde unangenehm, indem er Besitzansprüche geltend machte. Hinzu kam noch seine nicht erklärbare Eifersucht, die sich nicht etwa auf Männer, sondern auch auf Freundinnen und sogar Tiere erstreckte, sofern er registrierte, dass mir ein Lebewesen etwas bedeutete. Als meine Tochter mich nicht mehr so ausschließlich brauchte wie als Baby, suchte ich

mir eine Heimarbeit und führte für einen Steuerberater für verschiedene kleine Betriebe die Buchführung aus.
Trotz größter Einschränkungen kamen wir „auf keinen grünen Zweig“. Die Möbel mussten abbezahlt werden, ebenfalls die Säuglingsausstattung, etc.
Niemals wäre mir der Gedanke gekommen, er hätte seinen Alkohol- und Zigarettenkonsum einschränken können. Es war, wie es war. Für mich wurde ein Friseurbesuch zur Illusion, obwohl eine Frau seinerzeit noch Dauerwelle trug. Zu meiner Rettung bezog eine Familie das Nachbarhaus, deren Hausfrau Friseurin war und die ich auch bezahlen konnte.
Mein Nebenverdienst fiel ständig in ein Fass ohne Boden. Als unsere Tochter nach einiger Zeit einen Kindergartenplatz für halbe Tage bekam, bot sich mir eine Halbtagstätigkeit als Arztsekretärin in einem Krankenhaus, die ich gerne ausübte. Doch wieder wurde mein Mann von Eifersuchtsahnungen geplagt, zumal mir diese Tätigkeit auch noch Freude machte.

Nach einem Jahr verlangte mein Mann, dass ich diese Arbeit aufgab. Ich tat es ungern, wollte jedoch den häuslichen Frieden nicht gefährden. Ein Jahr später suchte die Stadtverwaltung eine Halbtagskraft, für die zusätzlichen Aufgaben des Städtischen Schul- und Kulturamtes, die die

Burgfestspiele mit sich brachten. Mir gefiel auch diese Tätigkeit, und so blieb ich als Halbtagsangestellte bei diesem Amt, später als Sachbearbeiterin der Volkshochschule.
In meinem Eheleben knisterte es immer heftiger. Ich musste erkennen, dass sich nur auf dem Wunsch nach einem Zuhause keine Ehe aufbauen lässt, und als unsere Tochter im Alter von sechs Jahren eingeschult wurde, häuften sich die Eskalationen. Um dem Kind und auch mir ein harmonisches Leben zu ermöglichen, beschloss ich, mich von meinem Mann zu trennen.

Als Manuela zehn Jahre alt war, hatten wir es geschafft. Zwar mussten wir die komfortable Dienstwohnung aufgeben, die für mich nicht mehr bezahlbar war, doch wir fanden einen Ersatz, den ich im Laufe der Zeit zu einem gemütlichen Nest für uns gestaltete.
Ich musste mir eine Ganztagsarbeit suchen, um unser „Überleben" zu sichern. Die Stadtverwaltung machte mir ein Angebot für eine Ganztagsstelle, die mit einer Höhergruppierung meiner Bezüge verbunden war. Zu meinem Bedauern konnte ich diese nicht annehmen, da meine Tochter mich natürlich nicht in den Amtsräumen erreichen konnte. Weil ich jedoch nicht verkraftet hätte, sie als „Schlüsselkind" aufwachsen zu lassen, ergab sich die Möglichkeit,

die Stelle einer Sekretärin an der Realschule Andernach anzutreten. Besonders günstig war es, dass auch meine Tochter zum gleichen Zeitpunkt auf diese Schule wechselte. So konnte sie nachmittags in meinem Büro ihre Hausaufgaben erledigen, und ich war jederzeit für sie erreichbar. Natürlich ließen auch Rückschläge nicht auf sich warten. Es gab ein paar „gut katholisch geprägte“ Andernacher, denen die Kriterien „evangelisch, geschieden und alleinerziehend“ zunächst suspekt erschienen. Aber wir hielten zusammen, gewannen Freunde und fühlten uns irgendwann gleichwertig.
In finanzieller Hinsicht waren noch größere Sparsamkeit und Bescheidenheit angesagt.
Unser wöchentlicher Einkaufszettel wurde nur nach Sonderangeboten ausgerichtet. Und in Anbetracht der Hungerjahre in meiner Kindheit verbot es sich von selbst, dass irgendein Lebensmittel verderben durfte. Die letzte Brotkruste fand Verwendung.

Umso schmerzlicher empfand ich einige Jahre später die Situation, als das Haus, in dem unsere Wohnung sich befindet, von dem zweitgrößten Immobilien-Hai Deutschlands in Besitz genommen wurde. Dieses börsennotierte Unternehmen hatte nur ein Ziel: Gewinnmaximierung um jeden Preis, bevorzugt zulasten der Mieter. Einher ging diese rigorose Politik mit

Einschränkungen der Mieter und Abbau jeglicher Ressourcen, aus denen eventuell jemand Nutzen ziehen könnte. Da dieses Gelände, auf dem die Kommune vormals mehrere Miethäuser errichtet hatte, zuvor Gartengelände gewesen war, wuchs hier eine prachtvolle Brombeerhecke. Mit Begeisterung verarbeitete ich diese Früchte zu Gelee (niemand außer mir interessierte sich dafür). Die Kinder der Nachbarschaft bekamen Kostproben und waren begeistert.
Vor dieser Hecke stand ein Zaun mit Betonpfeilern und davor Abfallcontainer. Da diese sich anscheinend durch die Brombeerhecke gestört fühlten, wurde die Hecke rigoros vernichtet und damit ein Lebensmittel, das die Natur uns schenkte. Mein verzweifelter Kampf um diese Brombeeren war aussichtslos. Ich hatte nicht die geringste Chance, gegen diesen Moloch anzukommen.

Auf anderem Gebiet wurde ich ziemlich geschickt darin, unsere Garderobe, die größtenteils aus Sachen von zweiter Hand bestand, für uns passend zu schneidern.
Es dauerte noch einige Zeit, bis wir zwei gebrauchte Fahrräder erwerben konnten und nach weiteren Jahren das erste gebrauchte Auto. Das war für uns ein großer Schritt vorwärts.
Alle Mühen hatten den Vorteil, dass ihr Ergebnis unser Dasein erleichterte.

Während der Zeit meiner Ehe fiel alles Erwirtschaftete in das besagte Fass ohne Boden bzw. wurde in Zigaretten und Alkohol umgesetzt. Insofern war ich jetzt zuversichtlich. Besonders freute es mich, als meine Tochter anlässlich unserer ersten Urlaubsfahrt (sieben Tage Eifel) mich ganz besorgt fragte: „Haben wir denn genug Geld dafür? Das konnten wir doch früher niemals."
Als dann mein Vater wieder mal eine Rundreise durch die BRD machte und alle Verwandten besuchte, hatte ein Mitarbeiter des hiesigen Sozialamtes eine zündende Idee. Mein Vater, immer glücklich, wenn er Zuhörer fand, denen er von seinem verlorenen Hof erzählen konnte, hatte hier einen sehr aufmerksam Lauschenden gefunden. Dieser legte meinem Vater den Gedanken nahe, seinen in der BRD lebenden Töchtern das vorgezogene Erbe zu überschreiben und, wie er uns Hoffnung machte, einen Lastenausgleich darauf zu bekommen. Mein Vater nahm den Gedanken sofort auf, denn da sein Wohnsitz in der DDR war, bekam er dort leider keine Entschädigung für seinen verlorenen Besitz.

Mithilfe meiner Cousine Irene, die beim Landgericht in Lübeck angestellt war, wurden sämtliche Unterlagen, eidesstattliche Erklärungen, notarielle Beglaubigungen etc. beschafft, und ich reichte den Antrag für meine Schwestern

und mich beim Lastenausgleichsamt in Koblenz ein. Leider Fehlanzeige. Der Erblasser selber hätte seinen Wohnsitz in der BRD haben müssen. Dass seine Kinder hier lebten, war dem Gesetzgeber gleichgültig.
Unsere Enttäuschung war groß. Wie willkommen wäre eine finanzielle Erleichterung gewesen! So mussten wir uns weiterhin ziemlich mühsam abstrampeln. Am heftigsten erbost über diese Ablehnung war meine Schwester Gerda. Sie machte unserem Vater den Vorwurf, er hätte nur mich berücksichtigen wollen, da ich ja gewissermaßen das Einzelkind sei. Gerda blieb verbohrt, obwohl ich ihr sämtliche Unterlagen schickte. Nur in mir sah sie den Übeltäter für die Ablehnung. Damit war unsere, bis dahin schon recht spärliche Verbindung, bis an ihr Lebensende beendet.

In der Zeit nach der Wende 1989 hatten die älteren Verwandten beschlossen, ein Cousinen-Treffen zu veranstalten. Allen Beteiligten hatte dies sehr gefallen. Doch als Gerda den einsamen Beschluss fasste, nach vierzehn Tagen erneut alle „Mitglieder“ einzuladen und zwei Absagen bekam, fühlte sie sich persönlich beleidigt und brach alle Kontakte ab, für immer. Sie war ein unversöhnlicher Mensch, der keine Fakten gelten ließ, die ihm nicht genehm waren. Gerda hatte drei Töchter, die erst anlässlich der

Beerdigung ihrer Mutter – zu der ich kondolierte, erfuhren, dass in Andernach eine Schwester ihrer Mutter lebte.
Auch meine Schwester Irmgard war über die ablehnende Entscheidung der Behörde enttäuscht, doch hatte sie die Erkenntnis, dass dies nicht mein Verschulden war. Im Übrigen erstaunte es mich sehr, dass sie – inzwischen Mutter von drei Söhnen – diesen eine fürsorgliche Mutter war. Anscheinend blieb nur ich ein Niemand in ihren Augen, dessen Ursache ich nicht ergründen konnte. Ein Beispiel war die Taufe ihres zweiten Sohnes. In Ermangelung anderer und weil ich gerade verfügbar war, sollte ich die Patenschaft übernehmen. Ich freute mich auf dieses Amt. Doch vor der Taufzeremonie in der Kirche nahm sie mir den Jungen weg, mit den Worten: „Ich halte ihn lieber selbst über das Taufbecken." Natürlich wurde unser Kontakt zunehmend spärlicher. Außer Kartengrüßen zu Weihnachten und Geburtstagen gab es keine Verbindung. Ein erstaunliches Erlebnis brachte mir die Goldene Hochzeit unseres Cousins Erhard. Irmgard war ebenfalls eingeladen. Erhards Sohn holte sie vom Bahnhof ab. Sie begrüßte alle Anwesenden, kam auf mich zu und fragte: „Und wer sind Sie?"

Die Gesetzgebung erfuhr nach der Wiedervereinigung Deutschlands im Jahr 1989 eine

Novellierung. Voller Hoffnung reichten wir erneut unseren Antrag ein. Die Sachbearbeiterin des Lastenausgleichamtes rief mich persönlich an, um mir mitzuteilen, dass wir erneut leer ausgingen. Denn jetzt hatte mein Vater zwei Jahre zu lange gelebt. Sie sagte mitleidvoll: „Leider fallen Sie durch jedes Raster.“ Unser Erbe war verloren. Und mit dem sogenannten Begrüßungsgeld für alle DDR-Bürger erging es mir ebenso.

Also weiter mit absolut eigener Kraftanstrengung. Wenn die gesamte Gesetzgebung gegen uns war, blieb mir keine andere Wahl.

Unser Leben mit Tieren

In unserem Leben hatte es immer Tiere gegeben. Meine Tochter verfügte wohl über das gleiche Gen wie ihre Mutter. Als wir alleine lebten, zog ein zutraulicher Wellensittich bei uns ein, dem mehrere Goldhamster folgten, die leider nur eine kurze Lebensdauer hatten. Auf meinem Balkon pflegte ich verletzte Tauben, zog eine heimatlose junge Elster auf, versorgte Meisen, Amseln und Spatzen, die Hilfe brauchten und fütterte „alle Vögel dieser Erde", und so ging es weiter und weiter.
Auch in der Realschule wussten die Kinder bald, dass sie in mir eine Ansprechpartnerin für verletzte oder ausgesetzte Lebewesen fanden. Eines Tages war es eine Tüte voller junger Kätzchen, die sie mir brachten.

Schon zu Zeiten meiner Ehe hatte Manuela oft verletzte Tiere heimgebracht, die auf unserem Balkon gepflegt worden waren. Einmal handelte es sich um einen pechschwarzen Kater, der dringend ein Zuhause suchte. Wir nannten ihn Stanislaus und liebten ihn sehr.
Leider war mein Mann dagegen. Die Abneigung der beiden beruhte auf Gegenseitigkeit. Unsere damalige Wohnung lag im Parterre, was für Stani äußerst günstig war. Wenn er es sich einmal auf einem Sessel so richtig gemütlich

gemacht hatte und das Geräusch des Schlüssels in der Haustüre vernahm, war er mit einem Satz über den Balkon verschwunden. Seine feinen Antennen signalisierten ihm stets rechtzeitig, dass sich sein Feind auf dem Heimweg befand. Waren Manuela und ich an den Nachmittagen mit Stani alleine, hatten wir einen zärtlichen, zutraulichen Schmusekater. Nach einigen unliebsamen Abenteuern mit dem Herrn des Hauses bzw. der Wohnung, hatte Stani es eines Tages vorgezogen, uns zu verlassen. Wir waren sehr traurig, aber jede Suchaktion blieb erfolglos.

Einige Jahre später löste sich das Rätsel um seine Herkunft und ich erfuhr, dass er eigentlich nur wenige Meter von uns entfernt seine Heimat hatte. Dort jedoch war zu Stanis Ärgernis ein Hund eingezogen, der ihn störte.

Rückwirkend konnte ich ihn verstehen, denn auch bei uns war inzwischen ein Hund im Haushalt, für ihn ein vierpfotiger Störenfried.

Papa, Gerda, Mutti mit mir, Edith, Irmgard

Wir Schwestern: Edith, Irmgard, Gerda, Renate

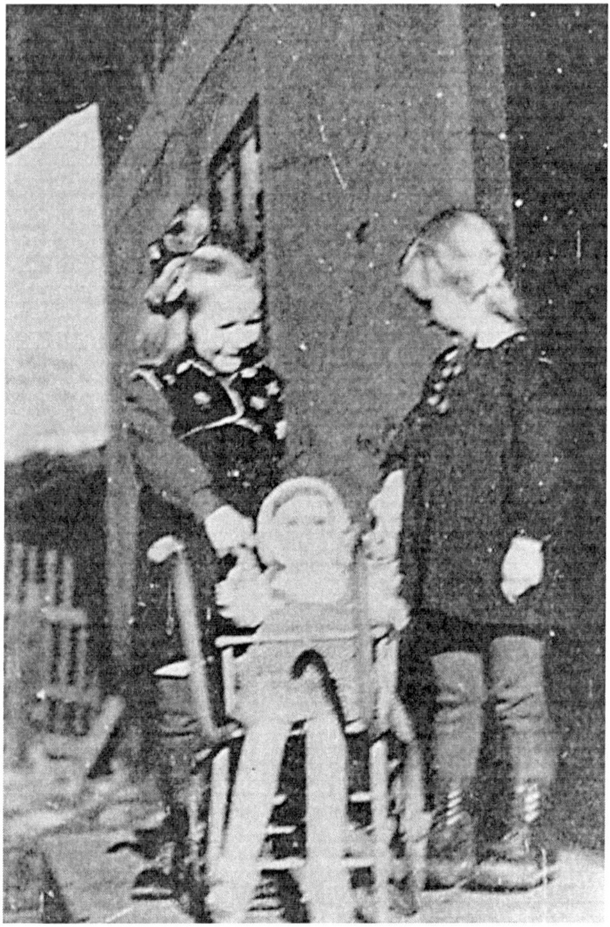

Nata und Reni

Meine Tanten Gertrud und Frieda

Es war nicht alles schlecht

Mein Mann liebte Hunde und brachte eines Nachts, nach seiner Kneipentour, einen Boxerwelpen mit. Freude und Sorge hielten sich die Waage. Ich war halbtags berufstätig und Manuela an den Vormittagen in der Schule. Da mein Mann beim Bund „Schreibtischtäter" war, konnte er Derby vormittags in die Kaserne mitnehmen. Natürlich wurde Derby der Liebling aller. An den Nachmittagen hatten Manuela und ich viel Spaß mit ihm.
Leider fiel er später unserer Scheidung zum Opfer. Obwohl er eine großartige neue Heimat fand, tat die Trennung weh.

Das Leben geht weiter

Als Manuela ihren ersten Verdienst als Erzieherin bekam, erfüllten wir uns den Herzenswunsch, Reitunterricht zu nehmen. Meine ganz große Liebe wurde mein Reitschulpferd ARAGON, dem ich viele Geschichten und später mein erstes Buch widmete.
Einige Jahre später erwarben wir auf einem hiesigen Gestüt unseren Liebling Cherry, eine dreieinhalbjährige bildhübsche Anglo-Araber-Stute (auf Abzahlung), die uns 20 Jahre begleitete.
Ein kleines, aus dem Nest gefallenes Spatzenjunges kam hinzu, das wir pflegten und versorgten und das uns wunderschöne Erlebnisse und Erkenntnisse bescherte – und natürlich ein neues Buch.
Ich hatte es mir bei jedem Erlebnis zur Gewohnheit werden lassen, zuerst Kurzgeschichten über meine Lieblinge zu schreiben, die in deutschen, österreichischen und Schweizer Zeitungen veröffentlicht wurden. Bald jedoch hatte ich den Wunsch, mehr zu erzählen, und so entstanden dann die Bücher.

Solange Manuela und ich zusammenlebten, hatten wir eine schöne, gemeinsame Zweisamkeit. Beinahe vergaß ich, dass Kinder manchmal nur eine sehr kurze Leihgabe sind.

Als meine Tochter dann zu ihrem Mann in den Westerwald zog und heiratete, war diese Zeit vorüber, meine Mission erfüllt.
Ich blieb in Andernach und lebte mit meinen Tieren.

Meine Lieblingsverwandten

Eine nachhaltige Zugehörigkeit schenkten mir meine Verwandten in Bützow, zu denen sich ein herzliches Verhältnis entwickelt hatte. Und Cousine Irene war mir eine Art Muttterersatz geworden, die mir gerne mit Rat und Tat zur Seite stand.

In Bützow wohnte Tante Trudchens Sohn Erhard. Er und seine nicht nur liebenswerte, warmherzige, sondern auch sehr schöne Frau, wurden Freunde fürs Leben. Mit Lidi hatte ich ein wunderbares Einvernehmen, so lange sie lebte. Lidi war von ausgleichendem Wesen, die jeden Temperamentsausbruch ihres Mannes gelassen entgegennahm. Ich bewunderte sie sehr und habe viel von ihr gelernt.

Es wurde für uns zu einer wunderschönen Selbstverständlichkeit, jedes Jahr in den Sommerferien ein paar Wochen in Bützow zu verbringen. Unvergessen bleiben die Übernachtungen über ihrem Bootsschuppen. Der Garten endete an der Warnow, einem Flüsschen, das in die Ostsee mündet. Bevor das stabile Gartenhaus erbaut worden war, leistete das Bootshaus gute Dienste. Es hatte eine durchgezogene Decke bekommen mit entsprechenden Aufbauten aus Sperrholz und zusammengestückelten Fenstern. Für uns die absolute Idylle.

Unsere Mahlzeiten bereiteten wir auf einem

Spirituskocher und speisten auf Campinghockern unter einem herrlichen, schattenspendenden Apfelbaum. Auch Bootsfahrten gehörten zu unserem Vergnügen und machten unsere Ferien perfekt und unbeschwert.
Seit meine Tochter bei ihrem Mann lebte und mich nicht mehr nach Bützow begleitete, war auch ein gelegentlicher Partner stets willkommen. Während der Besuche in Bützow vergaßen wir auch unsere Cousine Irene nicht, die in Ratzeburg lebte. Oft kam sie nach Bützow, wenn wir dort waren. Geschah das einmal nicht, fuhren wir gemeinsam zu ihr nach Ratzeburg.

So auch an jenem denkwürdigen Tag. Mein Partner hatte sich als Fahrer zur Verfügung gestellt, weil er das größte Auto besaß. In einem netten, kleinen Restaurant nahmen wir unser Mittagessen ein und fuhren dann weiter nach Carlow zum Grab meines Vaters und seiner ebenfalls verstorbenen Frau.
Wie in jedem Jahr hatte ich einen hübschen Blumentopf gekauft, den wir einpflanzten. Nach getaner Arbeit standen wir alle einen Augenblick still und in unsere Gedanken versunken vor dem Grab, als Erhard unvermittelt sagte: „Hier ruht Onkel Eduard neben seiner Jugendliebe." Fassungslos starrte ich ihn an, unfähig, auch nur einen Ton von mir zu geben. Wachte oder träumte ich gerade?

Die Ungeheuerlichkeit und Tragik dieses Ausspruchs ließen kaleidoskopartig Bilder aus meiner Kindheit an mir vorüberziehen. Hätte ich etwas ahnen können? Nein, niemals. Als Nächstes bestürmte ich Erhard mit Fragen, wollte Erklärungen. Und ich erfuhr das Unvorstellbare, das anscheinend allen älteren Verwandten bekannt war – nur mir nicht: Meine Stiefmutter war in unserem Heimatort Eichhorn die Dorfschneiderin gewesen, die von den Bauern engagiert wurde, um alle anstehenden Näharbeiten zu erledigen. Sie arbeitete dann jeweils in dem betreffenden Bauernhaus, so auch seinerzeit bei meinen Großeltern.
Ja, und da hatten sie und der Hoferbe Eduard sich ineinander verliebt. Natürlich war eine derartige Verbindung mit einer Arbeitertochter in der damaligen Zeit ausgeschlossen. Mein Vater hatte sich wohl fügen müssen. Und ausgerechnet diese Frau war es auch gewesen, die während ihrer Schulzeit neben Papas Schwester Frieda gesessen hatte und von dieser nach der Schulentlassung nicht mehr beachtet worden war.
Ich erholte mich nur schwer von diesem Schock.

Viele Jahre später, als diese beiden wunderbaren Menschen, Erhard und Lidi, nicht mehr auf dieser Welt waren, übertrug sich unsere enge

Beziehung auf ihre beiden Söhne und auf die Tochter des jüngeren. Mein Cousin Erhard war schon in meiner frühesten Jugend mein Idol. Er war für mich das bestaussehendste männliche Wesen, das der Maßstab für meine Bekanntschaften wurde. Nur ein Mann mit dunklem, welligem Haar konnte mir gefallen. (Und ein solches „Exemplar" hatte ich dann auch geheiratet.)

Meine innigste Verbindung nach Bützow besteht jedoch zu Elke, der Tochter einer Cousine aus dem vormaligen Dixen-Weskeim und ihrem Ehemann. Elke wurde mir eine liebevolle Vertraute.

Leider trennen Andernach und Bützow räumlich über 700 Kilometer.

Zwischenzeitlich gab es auch mal den einen oder anderen Versuch, mich aus Andernach fortzulocken, die aber letztendlich alle scheiterten.

Hier bin ich angekommen, fühle mich zuhause und will es auch bleiben.

Seit einigen Jahren teile ich zudem meine Wohnung mit einem schwarz-weißen Katzenmädchen, das heimatlos in meinem Umfeld lebte. Nachdem die Kleine mit mir vertraut geworden war, könnte unsere Gemeinsamkeit nicht inniger sein. Meine Mauzi ist ein einfühlsames, aber gelegentlich auch eigensinniges kleines Wesen und ungemein freiheitsliebend. Aber in

Phasen meines Lebens, in denen ich mich nicht gut fühle oder ernsthaft erkrankt bin, weicht sie nicht von meiner Seite. Sie ist ein Geschenk des Schicksals, und wir hoffen beide, dass unsere Zweisamkeit noch recht lange so bleiben möge.
Alle diese Tiere, für die ich sorgen und mit denen ich zusammenleben durfte, gaben meinem Dasein Sinn und Zufriedenheit.
Sie alle haben mir auch ein kleines Stück meines verlorenen Paradieses zurückgebracht.

Meine Katze Mauzi, eine allerliebste Gefährtin

Anhang 1 - Flucht der Zivilbevölkerung

Als sich im Oktober 1944 die Front der Ostgrenze des Deutschen Reiches näherte, flohen viele Zivilisten aus eigener Initiative in den Westen – angestachelt von der deutschen Propaganda, die die „Russen“ als barbarische Untermenschen darstellte, um den Verteidigungswillen der Bevölkerung zu stärken. Eine rechtzeitig durchgeführte, staatlich organisierte Evakuierung erfolgte nicht.

Dem Befehl Adolf Hitlers folgend, verhinderten beziehungsweise verboten viele Gauleiter und Bauernführer der Ostgebiete des Deutschen Reiches bis zuletzt eine Evakuierung der betroffenen Gebiete und organisierten in vielen Fällen nur ihre eigene Flucht. Zivilisten blieben im Frontgebiet zurück; wer vorher packte und flüchtete, wurde erschossen.

Der Evakuierungsbefehl erging erst, als die sowjetischen Panzer unmittelbar heranrückten. Die dann plötzlich einsetzende Massenflucht verlief unkoordiniert und panisch. Im baltischen Winter floh die deutsche Bevölkerung durch teilweise hüfthohen Schnee nach Westen, was 100.000 Personen nicht überlebten.

Die Situation wurde zusätzlich verschärft, als die Heeresführung Hauptstraßen und Eisenbahnzüge für die fliehende Zivilbevölkerung sperren ließ. Hunderttausende flüchtender Wehrmachtssoldaten drängten die fliehenden Zivilisten auf hoffnungslos verstopfte Feldwege und kleinere Straßen ab.

Flüchtlingszüge wurden in vielen Fällen von Einheiten der Roten Armee eingeholt und geplündert, die Flüchtenden weggetrieben, erschossen und die Frauen vergewaltigt. Jagdflieger der sowjetischen Luftwaffe beschossen viele Kilometer hinter der Front Flüchtlingstrecks. Ende Januar 1945 wurden in Ostpreußen 2,5 Millionen Flüchtlinge von der Roten Armee eingeschlossen und sollten nun per Schiff über die Ostsee evakuiert werden. Von etwa 800 - 1000 Schiffen wurden über 200 versenkt, über 40.000 Zivilisten und Soldaten kamen ums Leben.

Quelle:
https://de.wikipedia.org/wiki/Sowjetische Kriegsverbrechen im Zweiten Weltkrieg/Flucht der Zivilbevölkerung

Anhang 2 - Flucht und Evakuierung

Als die Front des Zweiten Weltkrieges Ostpreußen erreichte, wurde die Evakuierung durch das Militär und den Staatsapparat zunächst behindert bzw. verhindert (u. a. durch Verordnungen), dann, in letzter Minute (Januar 1945) unter denkbar schlechtesten Bedingungen (tiefster Winter, Abschnürung des Landweges) ungeordnet begonnen. Dadurch war ein Großteil der Zivilbevölkerung unmittelbar Kampfhandlungen ausgesetzt.

Ein Teil der Bevölkerung konnte sich auf dem Landweg mit Pferdefuhrwerken (die in Flüchtlingstrecks zogen) nach Westen retten. Aber nachdem die Rote Armee im Laufe der Schlacht um Ostpreußen bei Elbing das **Frische Haff** erreicht hatte, war der Landweg abgeschnitten. Tausende ertranken bei der Flucht über das Eis zur vermeintlich rettenden **Frischen Nehrung**, auf welcher der Weg zur Küste in Richtung Danzig führte, oder wurden ohne jegliche Deckung Opfer von Jagdflugzeugen, die gezielt auf Trecks schossen. Ein anderer Teil wurde über die Ostsee (vor allem über den Hafen Pillau) evakuiert. Die Evakuierung wurde am 21. Januar 1945 durch Großadmiral Dönitz eingeleitet; die Maßnahme bekam später den

Namen Unternehmen Hannibal.
Insgesamt forderte die Flucht unter Kriegsbedingungen größtenteils im Winter sehr viele Tote. Es wird geschätzt, dass von den bei Kriegsende etwa 2,4 Millionen Bewohnern Ostpreußens ungefähr 300.000 unter elenden Bedingungen auf der Flucht ums Leben gekommen sind. Unter den Menschen, die bei den Versenkungen der **Wilhelm Gustloff**, der General von Steuben und der Goya im Frühjahr 1945 starben, befanden sich auch viele Flüchtlinge aus Ostpreußen, einige Tausend pro Schiff.

Quelle:
https://de.wikipedia.org/wiki/Ostpreußen/Flucht und Evakuierung

Anhang 3 - Ansturm auf die wenigen Schiffe

Die Soldaten der Roten Armee sind nicht mehr weit entfernt, besetzen für einige Tage die Straße nach Königsberg, wo viele Bewohner den Ernst der Lage noch nicht erkannt haben und Kinder im Garten Schneemänner bauen. Zur gleichen Zeit versuchen die Menschen in Pillau immer wieder verzweifelt, die wenigen ankommenden Schiffe zu stürmen. Im Gedränge stürzen viele zu Boden, andere trampeln über sie hinweg. Kinder werden von ihren Müttern getrennt.

Soldaten versuchen, den Andrang aufzuhalten. Sowjetische Flieger kreisen über der Stadt und bombardieren den Hafen. Dort bleiben Fahrzeuge aller Art zurück: Autos, Kutschen, Fuhrwerke, leere Kinderwagen, aber auch Pferde und Hunde. Im Wasser treiben große Koffer und Taschen. Bis Mitte Februar werden über den Pillauer Hafen mehr als 200.000 Menschen abtransportiert, 50.000 Flüchtlinge setzen hier zur **Frischen Nehrung** über. Oft bleibt der Schiffsraum aber auch dem Abtransport von Soldaten, Waffen und Militärfahrzeugen vorbehalten.

An Deck stehen die Menschen dicht gedrängt.

Ostpreußische Flüchtlinge erreichen nach tagelanger Flucht über die Ostsee Kiel. Oft haben sie nicht mehr als das Leben gerettet. Die Schiffe fahren von Pillau häufig im Geleitzug. Kriegsschiffe sollen sie gegen Angriffe sowjetischer U-Boote und Flieger schützen. Auf den Frachtern sind die Laderäume mit Stroh ausgelegt. Sie sind ebenso mit Flüchtlingen und verwundeten Soldaten überfüllt wie die Kabinen der Passagierschiffe. Und an Deck stehen oft Hunderte Menschen dicht gedrängt, weil kein Platz ist, um sich hinzusetzen. Manchmal gibt es eine dünne Erbsensuppe, oft muss auch der Schnee an Deck als Trinkwasser dienen. Aber die Flüchtlinge sind froh, entkommen zu sein. Dass ein ums andere Mal auf der Brücke U-Boot-Alarm gegeben wird, wissen sie nicht.

Der Untergang der „Wilhelm Gustloff“

Ziel ist zumeist Swinemünde auf Usedom. Von dort geht es mit dem Zug weiter, auch über See nach Flensburg, Lübeck oder Kiel. Oft landen die Schiffe ihre Fracht aber auch nur im bald von den Sowjets eingekesselten Danzig oder Gdingen (Gotenhafen) an, wo sich ebenfalls die Menschen zu Zehntausenden drängen und darauf warten, dass sie ein anderes Schiff nach Westen bringt. Am
30. Januar sticht hier der Passagierdampfer „Wilhelm Gustloff“ in See. Die Zahl der Flüchtlinge an Bord ist bis heute umstritten. Vielleicht waren es 6.000 Menschen, andere Quellen sprechen von 10.000. Wenige Stunden nach seiner Abfahrt wird das ehemalige Kreuzfahrtschiff der NS-Organisation „Kraft durch Freude“ innerhalb einer Stunde versenkt. Nur etwa 1.200 Menschen können gerettet werden.
Immer wieder laufen Flüchtlingsschiffe auf Minen, werden von sowjetischen U-Booten oder Flugzeugen versenkt. Noch Mitte April geht der torpedierte Frachter „Goya“ nach wenigen Minuten unter, von den schätzungsweise 7.000 Menschen an Bord werden nur wenige gerettet. Fast zur gleichen Zeit transportiert die SS über 3.000 Häftlinge des Konzentrationslagers

Stutthof bei Danzig auf Schuten und Kähnen nach Neustadt in Holstein ab. Die letzten Schiffe verlassen Pillau um den 23. April. Wie viele Flüchtlinge zurückbleiben, ist unbekannt. Wenige Tage später besetzen sowjetische Soldaten die Stadt nach schweren Kämpfen. Insgesamt sind von hier zwischen Januar und April 1945 rund 450.000 Flüchtlinge mit Schiffen abtransportiert worden. Die Halbinsel Hela vor Danzig, von der auch nach der Einnahme der Hansestadt im März noch zehntausende Flüchtlinge gerettet werden, bleibt noch bis zur Kapitulation in deutscher Hand.

Quelle: https://www.ndr.de/geschichte/chronologie/kriegsende/Flucht aus Ostpreußen-Letzter-Ausweg-über-die-Ostsee,flucht228.html

Anhang 4a - Der Luftangriff auf Swinemünde

(auf Usedom) fand am 12. März 1945, wenige Wochen vor dem Ende des Zweiten Weltkrieges statt. Dabei wurde Swinemünde durch einen massiven Luftangriff aller drei Bomberdivisionen der 8th Air Force zusammen zum Großteil zerstört. Die Zahl der – ganz überwiegend zivilen – Todesopfer war erheblich. Die Rote Armee, die vor der Insel Wollin stand, hatte die alliierten Verbündeten um Unterstützung gebeten, da sich das weitere Vordringen nach Westen als schwierig erwies.

Ausgangslage

Swinemünde war als Stützpunkt der Kriegsmarine die wichtigste Station auf dem Seeweg zwischen der Ostfront und Kiel. Der Militärhafen wurde von der Festung Swinemünde geschützt, die bis Kriegsende weitgehend intakt blieb. Zudem lag der Bahnhof Swinemündes an der Eisenbahnlinie entlang der Ostseeküste. Am 7. März 1945 wurde die Kampfgruppe 2 der Kriegsmarine, bestehend aus den Panzerkreuzern Admiral Scheer und Lützow sowie mehreren Zerstörern und Torpedobooten, von

Gotenhafen in den Militärhafen von Swinemünde verlegt. Dort lagen zudem zwölf Transportschiffe, mit denen die Kriegsmarine im Anschluss an das Unternehmen Hannibal, im Rahmen der Versorgungslogistik für die Truppen an der Front auf dem Rückweg auch Flüchtlinge vor der heranrückenden Roten Armee aus Ostpreußen evakuierte. Auch auf dem Landweg galt die Strecke über Swinemünde als eine der letzten einigermaßen sicheren Routen für die Flucht über Straße oder Schiene aus den Kesseln in Pommern und Westpreußen, sodass die Stadt voller Flüchtlinge war. Der Roten Armee war Anfang März 1945 bei Stargard ein Durchbruch gelungen, doch stieß der Vormarsch bei Wollin auf energischen Widerstand der Wehrmacht. Die schwere Schiffsartillerie der in Swinemünde stationierten Kampfgruppe stellte eine ernsthafte Bedrohung für die in Küstennähe operierenden sowjetischen Truppen dar. Zur Entlastung erbat die Sowjetunion von ihren westlichen Alliierten auch an der Ostseeküste Luftangriffe auf die logistische Infrastruktur des Feindes und auch auf dessen Großkampfschiffe.

Der Angriff

Der Großangriff begann kurz nach 12 Uhr mittags und dauerte fast eine ganze Stunde. Er wurde von 661 schweren, viermotorigen Bombern und 412 Begleitjägern ausgeführt. Der Bomberverband warf aus großer Höhe (rund 6.000 Meter) 1609 Tonnen Bomben ab, zumeist Spreng- und Splitterbomben.
Die von der Kriegsmarine unverzüglich gezündeten Nebelgranaten behinderten zwar die Sichtverhältnisse für die Bomber, erschwerten aber auch das Zielen für die schweren deutschen Flakbatterien, sodass deren Abwehrfeuer weitgehend wirkungslos blieb.

Folgen - Sachschäden

Das Flächenbombardement an einigen schwimmenden Einheiten im Hafen brachte schwere Schäden bzw. Totalverluste. Sein eigentliches Ziel, den Marinestützpunkt Swinemünde unbrauchbar zu machen, wurde jedoch verfehlt. Auch war keines der größeren Kampfschiffe getroffen worden, da sie sich zum Zeitpunkt des Angriffs nicht im Hafen befanden. Lediglich zwei Torpedoboote hatten leichte Schäden davongetragen. Die Transportschiffe Jasmund, Hilde, Ravensburg, Heiligenhafen, Tolina,

Cordillera und Andros wurden hingegen versenkt.
Durch den künstlichen Nebel verfehlten viele der Flugzeuge ihre Ziele. So wurde der Kurpark Swinemünde, in dem viele Flüchtlinge und Soldaten die Märzsonne genossen, mit vom Bombenteppich erfasst. In den überfüllten Lazarettzügen auf dem Bahnhof fielen einige Hundert verwundete Soldaten Bomben zum Opfer. Größere Teile der Innenstadt und einige Vororte wurden hart getroffen. Der Zerstörungsgrad Swinemündes durch diesen einen Angriff wird mit 55 % angegeben.

Opferzahlen

Zu den Opferzahlen des Luftangriffs unter Flüchtlingen und Einwohnern gibt es – wie fast immer – sehr unterschiedliche Zahlen:
Zunächst liegen zwei deutsche Verlust- bzw. Schadensmeldungen von den beiden Tagen nach dem Angriff vor, die übereinstimmend jeweils 1500 Tote nennen. So meldete am 13. März 1945 der Befehlshaber der Ordnungspolizei (BdO) Stettin: Personenverluste bisher: 1500 Gefallene, davon 1000 auf Dampfer „Andros“, 2000 Verwundete. Der Luftwaffenführungsstab meldete: Bisher 1500 Gefallene, 2000 Verwundete. Die Ermittlung der

Opferzahlen wurde jedoch dadurch erschwert, dass die Anzahl der zur Zeit des Angriffs in Swinemünde befindlichen Flüchtlinge zuvor nicht exakt erfasst war, da die Behörden damit aufgrund der Masse von Flüchtenden überfordert waren bzw. diese als Durchziehende ohnehin nicht registriert wurden. Da viele der Opfer durch die Bombeneinwirkung stark entstellt waren, konnten viele Tote nicht identifiziert werden.
In der wissenschaftlichen Literatur nennt z. B. Rolf-Dieter Müller vom Militärgeschichtlichen Forschungsamt 3000 bis 4000 Tote, Helmut Schnatz kommt in seiner Monografie über den Angriff auf 4500 Tote. Der Volksbund Deutsche Kriegsgräberfürsorge nennt eine Anzahl von mindestens 4500 Toten.

Quelle: https://de.wikipedia.org/wiki/Luftangriff-auf Swinemünde

Anhang 4b - Als die Flüchtlinge an Land gingen

In Swinemünde fanden nach einem Angriff der westalliierten Luftwaffe weit über 20.000 Menschen den Tod.
Es war am 12. März 1945, also 67 Tage vor dem Ende des Zweiten Weltkrieges, als 400 englische und amerikanische Bombenflugzeuge das kleine Ostseebad Swinemünde angriffen. 1500 Tonnen Spreng- und Brandbomben wurden abgeworfen. Ein unvorstellbarer Feuersturm ging auf den kleinen Ort nieder. Dabei ging es augenscheinlich nicht um die Vernichtung militärischen Potenzials, denn die im Hafen von Swinemünde an den Kaianlagen liegenden Schiffe der Kriegsmarine hatten dreißig Minuten früher ihre Liegeplätze räumen müssen, um Platz zu schaffen für die Armada von vierzehn kleinen Bäder- und Küstenfrachtschiffen. Diese Schiffe, die einem stärkeren Seegang der Ostsee kaum gewachsen schienen, waren überladen mit Flüchtlingen aus Stolpmünde und Pillau.
Der Luftangriff setzte ein, als das Ausladen der Flüchtlinge gerade begonnen hatte. Eine Panik brach aus, weil für die schon an Land befindlichen Menschen nicht genug Schutzräume vorhanden waren. Darüber hinaus wurden die

Transportschiffe getroffen und versanken zum Teil sehr schnell. Es handelte sich um die Küstenmotorschiffe „Jasmund" (276 BRT), „Hilde" (491 BRT), „Ravensburg" (1069 BRT), „Heiligenhafen" (1923 BRT) und „Tolina" (2000 BRT). Dazu kamen der Frachtdampfer „Andros" (3048 BRT), der mit Flüchtlingen aus Pillau kam und der Passagierdampfer „Condillerra" (12055 BRT), der als Wohnschiff im Hafen lag.

Die auf Reede liegenden Zerstörer und Torpedoboote wurden von den alliierten Bombern nicht angegriffen. Das lässt den Schluss zu, dass dieser Angriff ganz bewusst auf die Flüchtlingsschiffe gerichtet war. Mit großer Wahrscheinlichkeit haben die westlichen Kriegsgegner Deutschlands über Funkaufklärung von dem Ziel der Fluchtschiffe erfahren und konnten so den Angriffszeitpunkt genau festlegen. Eben zu der Zeit, als die Schiffe festgemacht und bewegungsunfähig waren. Über die Dauer des Luftangriffes liegen unterschiedliche Angaben vor. Man kann aber davon ausgehen, dass die Notizen des Mitarbeiters der Hafenmeisterei, Theo Berg, richtig sind. Er hatte notiert, dass der Bombenhagel und der Beschuss der unbewaffneten Frauen und Kinder mit Bordwaffen siebzig Minuten dauerten.

Die Stadt wurde in den 70 Minuten vernichtet. Überall loderten Brände, überall lagen Tote, meist Kinder und Frauen, denn die Flüchtlingsschiffe durften Männer nicht an Bord nehmen. So waren die von Tieffliegern beschossenen Trecks, die nach Swinemünde einfahren wollten in den meisten Fällen auch nur von Frauen und Kindern belegt. Auch hier lagen neben den toten Pferden nur tote oder verwundete Frauen und Kinder.

Die Toten des Angriffs auf Swinemünde mussten in Massengräbern beigesetzt werden. Die Gefahr von Seuchen war zu groß. Deshalb sind auch nur wenige der Toten identifiziert worden. Auch ihre genaue Zahl ist nicht bekannt. Vor 1989 stand auf dem Golm, einem 69 Meter hohen Hügel unmittelbar vor der nunmehrigen Grenze zu Polen, ein Mahnmal. Der Text dieser Gedenkstätte wies 26.000 durch Bomben und Bordwaffen getötete Zivilisten und 9.000 Soldaten aus.

Dieser Angriff auf aus den Ostgebieten vor den Gräueltaten der Sowjet-Armee flüchtende Frauen und Kinder ist ein Kriegsverbrechen, das nie geahndet werden wird. Genauso wie bei dem Angriff auf die nicht befestigte Stadt Dresden, vier Wochen zuvor, galten die Spreng- und Brandbomben den Flüchtlingen aus Schlesien und Ostpreußen. Beide Angriffe waren Willkürakte, die mit dem militärischen Niederringen eines Kriegsgegners nichts zu tun hatten. Für die militärische Führung der Gegner

Deutschlands dürfte sowohl am 14. Februar als auch am 12. März 1945 die bevorstehende Kapitulation erkennbar gewesen sein.

Quelle: Helmut Kamphausen, Das Ostpreußenblatt

Anhang 5 - Interview mit Prof. Dr. Arnulf Baring, Historiker und Politologe

Warum hat es so lange gedauert, bis sich das Fernsehen an das Thema „Flucht und Vertreibung“ gewagt hat? Prof. Dr. Arnulf Baring (74), Historiker und Politologe erklärt es im BILD-Interview.

„... Die furchtbare Heimsuchung, die die ehemaligen Ostgebiete und ihre Menschen erfahren haben, gehören auch zur Geschichte des Nationalsozialismus. Die Millionen Vertriebenen, all die dabei Umgekommenen, die nach Sibirien Verschleppten und die zwei Millionen vergewaltigten Frauen haben den Anspruch auf einen Platz im Gedächtnis der Nation. Vertreibung und das damit einhergehende Elend galten in Deutschland sehr lange als private Unfälle. Traurig für den Einzelnen, ohne Bedeutung für das Ganze.“

„Lange Zeit haben wir es nicht gewagt, unsere eigenen Toten zu betrauern. Wir haben um Russen, Juden, Sinti und Roma getrauert, aber nicht um unsere eigenen Mütter, Schwestern, Kinder. Dies hat mich immer sehr gestört, denn niemand glaubt uns so die Trauer um andere. Beides sind Opfer und verdienen unsere Anteilnahme. Solange in unserem Bewusstsein Anne

Frank alleine dasteht und nicht auch die Wolfskinder, stimmt etwas nicht. Die Kleinen, deren Eltern umgekommen waren und die alleine in den Wäldern Ostpreußens und Litauens unter unvorstellbaren Bedingungen lebten und starben, dürfen wir ebenfalls nicht vergessen. Wer in diesem Zusammenhang von der Gefahr der Aufrechnung spricht, redet Unsinn."

Tatsächlich wurde das Thema Flucht und Vertreibung in der Nachkriegszeit bis heute aus der öffentlichen Debatte fast ausgeblendet – obwohl etwa zwölf Millionen Deutsche flüchteten oder auf Beschluss der Siegermächte bei der Potsdamer Konferenz im Sommer 1945 aus Ostpreußen, Schlesien, Pommern, Polen, Ungarn und der Tschechoslowakei vertrieben wurden.

Ein Ausblenden also, das im Grunde unfassbar war, und dennoch so leicht zu begreifen: Da war das Schweigen der Scham bei Abertausenden von Gewalt und Vergewaltigung gezeichneten Menschen. Da war auch die nachwirkende Scham der im Kernraum des Hitler-Reiches Lebenden, weil ihnen Flüchtlinge keinesfalls willkommen waren. Denn sie mussten Brot, Hilfe, Medikamente mit ihnen teilen – aber in den zerbombten Städten war das alles seit vielen Monaten überall extrem knapp.

Aber da war vor allem die Furcht, eine Grenze

zu überschreiten: Die Rolle der Deutschen nicht nur als Täter und Treiber des Weltkrieges, sondern auch als Opfer, galt als Tabu. Denn aus historischer Sicht zahlten die Flüchtlinge und Vertriebenen mit ihrer Gesundheit, ihrem Leben und verlorenem Besitz ja tatsächlich nichts anderes als die Rechnung für die Eroberungsideologie der Nationalsozialisten, die im Osten mit Hitlers Angriffskriegen gegen Polen und die Sowjetunion begann."
Quelle:

http://www.marnach.info/feuer-kraut/kriegsende/ 6kreppsohlen.html

Stammbaum für Renate Düpjohann geb. Lauschke

Mein Stammbaum, väterlicherseits

(recherchiert von meinem Neffen Volker Scheffler, Bützow, Sohn meines Cousins Erhard)

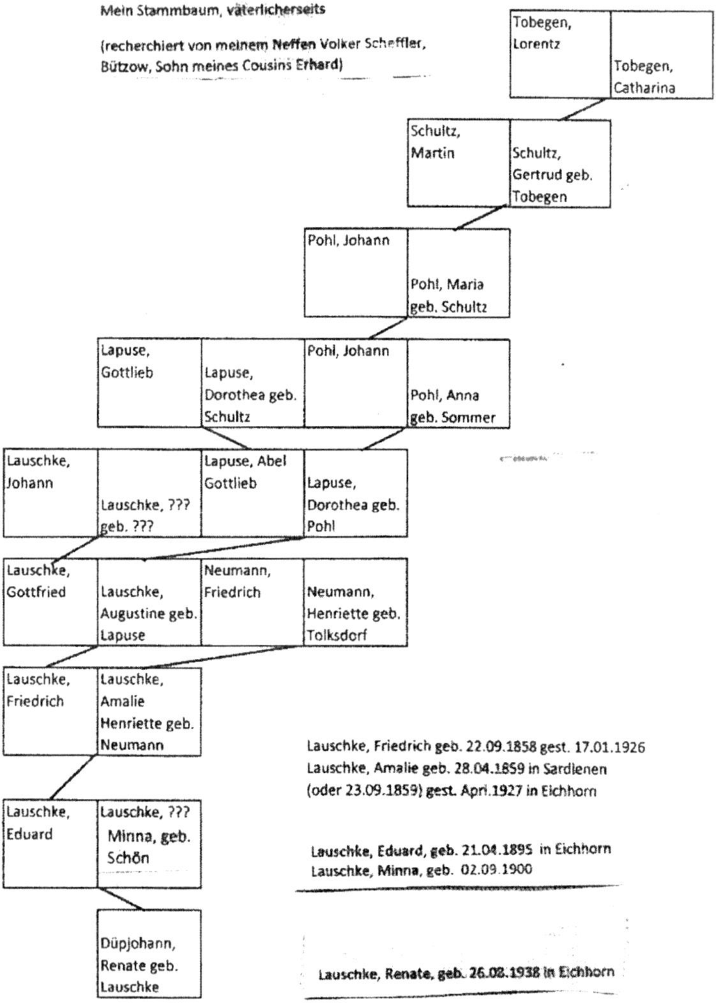

Lauschke, Friedrich geb. 22.09.1858 gest. 17.01.1926
Lauschke, Amalie geb. 28.04.1859 in Sardienen (oder 23.09.1859) gest. Apri.1927 in Eichhorn

Lauschke, Eduard, geb. 21.04.1895 in Eichhorn
Lauschke, Minna, geb. 02.09.1900

Lauschke, Renate, geb. 26.08.1938 in Eichhorn

Nachwort

Die Erinnerungen an meine glückliche Kindheit in Ostpreußen gewannen erst wieder Raum, als alle Arbeiten und Aufgaben zur Existenzsicherung getan waren. Die Zeit der Berufstätigkeit ließ keine Muße zu.
Das hatte leider zur Folge, dass ich niemanden nach Einzelheiten befragen konnte, die mir nicht mehr präsent waren.
So habe ich die Namen der Schiffe, die unsere Familie beförderten, nicht angeben und auch kleinere Ortschaften unseres Fluchtweges nicht benennen können.

Ein Segen für uns Menschen ist die „Einrichtung“ unseres Gehirns, das zu stark Negatives im Wesentlichen aus dem Gedächtnis zu löschen, hingegen Positives zu speichern und zu bewahren vermag.

Ich bedanke mich sehr herzlich bei einer lieben Schreibkollegin, Petra Schmidbauer, die mein Manuskript korrekturgelesen und mir über einige Hürden meines neuen Computerprogramms hinweggeholfen hat.
Liebe Petra, was wäre aus diesem Buch ohne deine digitalen Kenntnisse geworden?

Land und Leute

Ostpreußen, als reines Agrarland, war ein weites, flaches Land, ohne Industrie: Es bestand aus den einzelnen Gebieten Samland, Ermland, Masuren, Natangen. (Vielleicht vergleichbar mit unseren Landstrichen: Eifel, Taunus, Rhön etc.) Große Flächen wurden von Tannenwäldern überzogen und von kristallklaren Seen, diese besonders im Bereich Masurens (die masurische Seenplatte). Die Seen waren teilweise 60 bis 70 Meter tief, doch gab es auch relativ flache, auf denen in den Jahren nach dem Zweiten Weltkrieg sogar Hausboote auf Grund gelaufen sein sollen.

Eine Vielzahl an Wasservögeln hatte hier ihre Heimat: Weiß- und Schwarzstörche, Kraniche, Kormorane, Silberreiher. Auch Wildgänse ließen sich gerne nieder. Auf dem Giebel unserer Scheune hatte ein Weißstorchenpaar sein Nest erbaut und kehrte jedes Frühjahr zurück, um den Nachwuchs auszubrüten und aufzuziehen. Ostpreußen war ebenso reich an Singvögeln. Auf der Kurischen Nehrung lag Rositten, die größte Vogelwarte Europas, die Vögel registrierte und im Notfall pflegte.

In unseren Wäldern lebten Elche, die riesigen Wappentiere Ostpreußens. Auch Wölfe soll es noch gegeben haben.

Die Ländereien waren zu einem Teil im Besitz von Gutsbesitzern (Großgrundbesitzern, den sogenannten Krautjunkern). Der andere Teil gehörte der Bauernschaft.

Um die größeren landwirtschaftlichen Güter, z. T. Adeligen gehörend, standen in angemessener Entfernung die kleinen Häuschen der Gutsarbeiter (Instleute) genannt. Oftmals hatten diese ein geringes Stück Land gepachtet, auf dem sie ein Schwein, ein bis zwei Ziegen und Federvieh für den eigenen Bedarf halten konnten. Die Hausbediensteten, Stubenmädchen, Zofen, Küchenhilfen, Köchinnen, Wirtschafterinnen, wohnten in eigenen Kammern in den Gutshäusern.

Bauerndörfer mit recht stattlichen Höfen, die mithilfe von Personal (Knechten und Mägden) bewirtschaftet wurden, nahmen einen beachtlichen Teil Ostpreußens ein. In ihrem Umkreis siedelten sich gerne kleine Handwerksbetriebe an. Die Wohnhäuser der Bauern standen in einiger Entfernung zu den Stallungen, hatten festes Mauerwerk und rote Dachpfannen. Wohnhäuser, die mit den Ställen verbunden waren, fand man in Ostpreußen nicht.

Mein Geburtsort Eichhorn lag südlich von der Hauptstadt Königsberg, zwischen den Städten Landsberg und Bartenstein, im Kreis Preußisch-Eylau.

Die verschiedenen Städte wurden durch Reichsstraßen (vergleichbar mit den heutigen Bundesstraßen) miteinander verbunden, die jedoch niemals durch eine Ortschaft geleitet waren. Zu den jeweiligen, in ihrem Einzugsgebiet gelegenen Dörfern, führten Abzweigungen.

Wie wurden die ostpreußischen Menschen beschrieben? Als arbeitsam, gewissenhaft, zuverlässig, aber auch gutmütig, gastlich und bei aller Geradlinigkeit auch gelegentlich ziemlich stur.

Ein „echter" Ostpreuße liebte Feste und Feierlichkeiten jeder Art. Familienfeste wurden mit großem Einsatz gestaltet und Gründe dafür rasch gefunden. Es soll sogar bei Beerdigungen zum Schluss hoch hergegangen sein. Nach anfänglich gebotener Trauer lösten ein paar Gläschen Bärenfang die Zungen und Gemüter. Oftmals wurde zum Abschluss fröhlich gesungen.

Man trennte sich schließlich mit der Erkenntnis, dass es eine ‚fröhliche Leich' gewesen sei.

Noch eine Eigenart sagt man den Ostpreußen

nach, und ich kann sie bestätigen: An alle Begriffe, die sich anbieten (oder auch nicht), wird gerne die Endung „che“ oder „chen“ gehängt:

Marjellche(n) (Mädel), Jungche(n) (Knabe), Mannche (Mann), Mamache(), Vatchen oder der Herr Pfarrerche(n), der Herr Lehrerche(n), (nicht ohne das respektvolle Herr oder Herrchen), Frauche(n), Kinche(n), natürlich auch Pferdche(n), Hundche(n), Katerche(n), Katzche(n), Gänsche(n) etc.

Zeichnungen von Albrecht Dinkel

Unser Hof

Mama mit mir auf dem Arm

Papa mit Trakenerstute und Fohlen

Landleben in Ostpreußen

Hofszene

Marsch und Treck über das Frische Haff

Drangvoller Aufstieg auf das rettenden Schiff

Unser Weg an Trümmern und Bränden vorbei

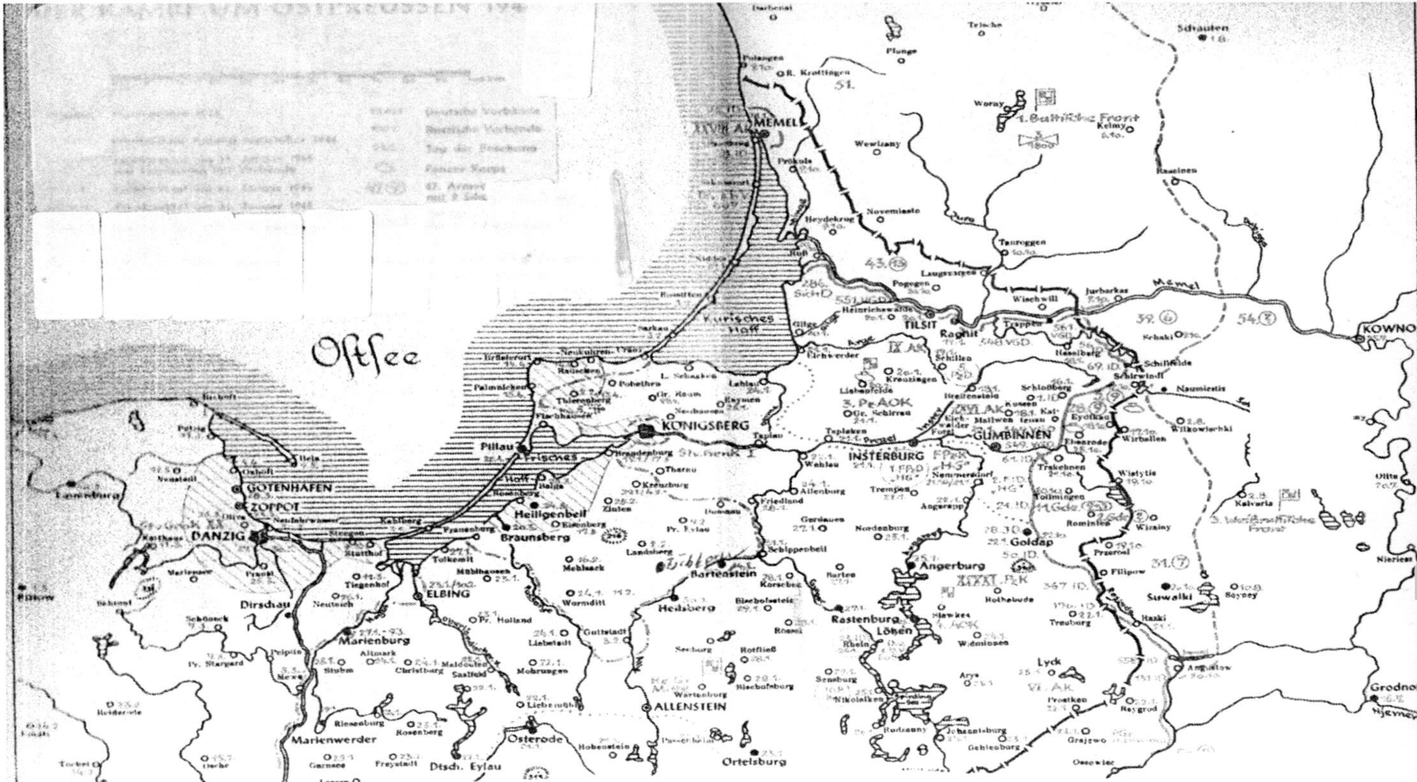
Ostsee
Kurisches Haff
Frisches Haff
MEMEL
KÖNIGSBERG
DANZIG
GOTENHAFEN
ZOPPOT
Pillau
Heiligenbeil
Braunsberg
ELBING
Marienburg
Dirschau
Marienwerder
Osterode
Dtsch. Eylau
ALLENSTEIN
Ortelsburg
Bartenstein
Heilsberg
Rastenburg
Lötzen
Angerburg
Goldap
Lyck
INSTERBURG
GUMBINNEN
TILSIT
Ragnit
Memel
KOWNO
Grodno
Suwalki
Augustow
3. Pz.AOK
1. Baltische Front